Kallmünz an der Naab

Land und Leute

Die Oberpfalz ist seit alter Zeit ein Grenzland zum Osten. Über diese Grenze hinweg wurde Böhmen christianisiert. Durch dieses Gebiet verliefen alte europäische Handelsstraßen des Mittelalters aus der Champagne über Nürnberg und Amberg nach Prag und Lemberg bis ins russische Kiew. Bollwerk oder Brücke nach dem Osten zu sein, das war für das Land in seiner wechselvollen Geschichte lange Zeit charakteristisch. Mit unendlichem Fleiß haben die Menschen, die sich hier niederließen, die Urwälder gerodet, Siedlungen gegründet und dann treu an ihrer Scholle festgehalten. Noch heute zeichnet sie eine tiefe Heimatverbundenheit aus. Die Oberpfalz ist ein Land von herber Schönheit, mit weitgeschwungenen Bergen, kargen Höhen, stillen Tälern und zahlreichen Flüssen, mit wehrhaften Burgen und vielen kleinen historischen Städtchen und Marktflecken, die weitgehend ihre alte bauliche Substanz bewahren konnten.

Die Oberpfalz reicht vom Oberpfälzer Jura im Westen über den Steinwald und die Naab-Wondreb-Senke im Norden zum Oberpfälzer Wald, der in seinem südöstlichen Teil in den Bayerischen Wald übergeht. Ihn durchquert die Cham-Further-Senke. In Regensburg treffen die geologischen Formationen des Jura und des Bayerischen Waldes zusammen und stoßen an die niederbayerische Ebene und den Gäuboden. Zwischen Regensburg im Süden und dem Steinwald im Norden verläuft wie eine Hauptschlagader die Senke der Naab. Eine Vielfalt von Landschaften!

Der *Oberpfälzer Jura* umfaßt in erster Linie die Flußlandschaften der Sulz, der Altmühl, der Weißen und Schwarzen Laaber, der Lauterach, der Vils und unteren Naab sowie die Juraberge um Neumarkt, Amberg, Sulzbach-Rosenberg und Parsberg. Kalkfelsenriffe und Tropfsteinhöhlen (Maximiliansgrotte bei Königstein, König-Otto-Höhle bei Velburg), Mischwälder, karge Hänge mit Wacholderbüschen und Täler mit vielgewundenen Flüssen bestimmen diese Landschaft. Wegen der Verkarstung des Kalkbodens, der durch reiche Höhlenbildung das Wasser versickern läßt, ist das Land vielfach steppenartig karg. In den in den Jurakalk geschnittenen Flußtälern indes entfaltet die Natur besondere Reize. Der Poppberg (657 m) bei Lauterhofen und der Ossinger (651 m) bei Königstein sind die höchsten Erhebungen.

Der *Oberpfälzer Wald* ist Teil des großen Gesamtgebirgsmassivs, das sich aus Fichtelgebirge, Steinwald, Oberpfälzer Wald und Bayerischer Wald zusammensetzt und sich weiter auf tschechisches und österreichisches Gebiet erstreckt. Er liegt zwischen zwei Gebirgssenken, der Cham-Further-Senke und der Naab-Wondreb-Senke und verläuft rund 90 km entlang der Landesgrenze zur ČSSR. Wie große dunkle Wellen wirken seine weitgeschwungenen Höhenzüge. Tiefe Wälder, romantische Felsformationen (Waldnaabtal, Flossenbürg), dunkle stille Flüsse und Hunderte von Weihern geben der Landschaft das Gepräge. Der Gibacht (934 m) bei Waldmünchen, der Entenbühl (901 m) bei der Silberhütte und der Fahrenberg (801 m) bei Pleystein sind die markantesten Erhebungen.

Zwischen dem Oberpfälzer Wald und dem Fichtelgebirge bildet der breite Granitrücken des *Steinwaldes* mit seinen dicht bewaldeten Hängen und seinen oft bizarren Felsgestalten gleichsam eine Brücke. Von der Platte (946 m), der höchsten Erhebung des Steinwaldes, und der Burgruine Weißenstein (863 m) geht ein zauberhafter Blick über die Wälder, Weiher und Ortschaften der Naab-Wondreb-Senke.

Der *Bayerische Wald* erstreckt sich zwischen der deutsch-tschechischen Grenze und dem Donautal. Im Westen und Norden wird er vom Regen und der Cham-Further-Senke begrenzt. Der *Obere Bayerische Wald,* der das östliche Gebiet des Landkreises Cham umfaßt, mit dem Großen und Kleinen Osser (1293 und 1266 m) und den Gebirgszügen des Kaitersberges und des Hohen Bogens, sowie der *Vordere Bayerische Wald,* auch Falkensteiner Vorwald genannt, dessen Ausläufer bis zum Regen und zur Donau vor Regensburg reichen, gehören zur Oberpfalz. Der Bayerische Wald – Mitteleuropas größtes geschlossenes Waldgebiet – ist eines der ältesten Gebirge der Erde und besteht vorwiegend aus den Urgesteinen Granit und Gneis. Geologisch einzigartig ist der *Pfahl,* ein 10–100 m breiter, an einigen Stellen über die Erde ragender Quarzgang, der sich von Schwarzenfeld über Schloß Thierlstein bei Cham fast 140 km quer durch den Bayerischen Wald zieht.

Lage, Größe, Grenzen

Die Oberpfalz ist mit einer Fläche von 9691 km^2 der viertgrößte und mit rd. 963 000 Einwohnern der kleinste der sieben bayerischen Regierungsbezirke. Er umfaßt die Landkreise Amberg-Sulzbach, Cham, Neumarkt, Neustadt a. d. Waldnaab, Regensburg, Schwandorf und Tirschenreuth sowie die kreisfreien Städte Amberg, Regensburg und Weiden.

Die Oberpfalz grenzt im Südwesten an Oberbayern, im Westen an Mittelfranken, im Norden an Oberfranken, im Osten an die Tschechoslowakei (197 km), und im Süden an Niederbayern. Grenzübergänge in die Tschechoslowakei bestehen in Furth im Wald und Waidhaus.

Gewässer

Hauptfluß der Oberpfalz ist die *Naab,* die als Waldnaab südlich von Bärnau unmittelbar an der böhmischen Grenze entspringt. Von Falkenberg bis Windischeschenbach zeigt das Naturschutzgebiet Waldnaabtal, dessen Ufer und Waldwege nur dem Fußwanderer vorbehalten sind,

Waldnaab: Butterfaß

die ganze Großartigkeit der Granitverwitterung. Bei Windischeschenbach nimmt die Waldnaab die am Ochsenkopf im Fichtelgebirge entspringende Fichtelnaab und südlich von Weiden bei Unterwildenau auch die Heidenaab auf und trägt nunmehr den Namen Naab. Aus dem Oberpfälzer Wald kommen als Zuflüsse Floß, Luhe, Pfreimd und Schwarzach, aus dem Jura die Vils. Von Burglengenfeld bis Kallmünz liegt das Flußbett im Jura, umrahmt von mächtigen Felsen. Nach 195 km mündet die Naab schließlich bei Mariaort westlich von Regensburg in die Donau.

Im nordöstlichen Randbezirk der Oberpfalz verläuft die europäische Hauptwasserscheide (Nordsee–Schwarzes Meer). Naab (Waldnaab) und *Wondreb* fließen zunächst nach Norden. Zwischen Tirschenreuth und Mitterteich ändern sie ihre Richtung. Während die Naab sich nach Westen und dann nach Süden zur

POLYGLOTT-REISEFÜHRER

Regensburg Oberpfalz

Mit 24 Illustrationen sowie 16 Karten und Plänen

ALLGEMEINES

STADTBESCHREIBUNGEN

REISEROUTEN

POLYGLOTT-VERLAG

MÜNCHEN

Herausgegeben von der Polyglott-Redaktion
Verfasser: Michael Scheuerer
Zeichnungen: Vera Solymosi-Thurzó
Karten und Pläne: Franz Huber und Gert Oberländer
Umschlag: Toni Blank

*

Wir danken dem Fremdenverkehrsverband Ostbayern e. V. in Regensburg für die uns bereitwillig erteilten Hinweise und Informationen

Ergänzende Anregungen, für die wir jederzeit dankbar sind, bitten wir zu richten an:
Polyglott-Verlag, Redaktion, Postfach 40 11 20, 8000 München 40.

Alle Angaben (ohne Gewähr) nach dem Stand März 1989.

*

Zeichenerklärung:

Eisenbahnverbindungen   Autobusverbindungen
Schiffsverbindungen   Bergbahnen
Erstklassige Hotels   Gute Hotels
Einfache Hotels und Pensionen
Jugendherbergen   Campingplätze
Hallenbäder   Freibäder

Die im Text bei Sehenswürdigkeiten in eckige Klammern gesetzten Ziffern decken sich mit den auf den jeweiligen Plänen angegebenen Ziffern. Kilometerangaben hinter Ortsnamen zeigen die Entfernung vom Beginn der jeweiligen Route aus an.

Farbige Ziffern am Seitenrand weisen auf die Routennummer hin.

*

Wertung der Sehenswürdigkeiten:

**kennzeichnen bedeutende Landschaften, Orte, Gebäude oder Kunstwerke. Um sie zu sehen, lohnt sich ein Umweg.

*kennzeichnet sehenswerte Objekte, die man in einem Land, in einem Ort oder an einem Gebäude beachten soll.

*

6. Auflage 1989/90

Printed in Germany/Druckhaus Langenscheidt, Berlin / W. V. Ze.
ISBN 3-493-60631-1

Donau hin wendet, strebt die Wondreb über Waldsassen nordöstlich der Eger und damit der Elbe zu.

Der *Regen* entspringt als Großer Regen in Böhmisch Eisenstein und bildet bei Zwiesel mit dem aus dem Rachelgebiet kommenden Kleinen Regen den Schwarzen Regen. Bei Blaibach vereinigen sich der Schwarze Regen und der aus dem Gebiet des Kleinen Arbersees kommende Weiße Regen zum Regen. Dieser durchfließt die weite Talaue des Chamer Beckens, biegt dann bei Stefling nach Süden um und mündet nach 190 km bei der Stadt in die Donau, der er schon in römischer Zeit den Namen gegeben hat: Castra Regina (Burg am Regen), dem heutigen Regensburg.

Die *Altmühl* mit ihren Nebenflüssen Sulz, Weiße Laber und Schambach durchzieht den südlichen Jura. Abwechselnd begleiten sie hohe, zum Teil schroff abfallende Felsen und sanfte, liebliche Gleithänge mit Mischwald, bis sie nach 163 km bei Kelheim in die Donau mündet.

Die *Donau,* mit 2850 km zweitlängster Strom Europas, erreicht in Regensburg ihren nördlichsten Punkt. Der Donaudurchbruch zwischen Weltenburg und Kelheim gehört zu den schönsten Flußlandschaften Europas. Für die bis zu 70 m hohen Felsbildungen hat die Phantasie der Schiffer volkstümliche Namen geprägt: der ,,Fromme Bischof" (der für sein Stift betet), der ,,Bayerische Löwe" (er hält auf einem Felsturm Wache) und ,,Peter und Paul" (die beiden Apostel).

Der *Rhein-Main-Donau-Kanal,* der die Nordsee mit dem Schwarzen Meer verbinden wird, ist von Westen her bis Nürnberg und von Osten her bis Kelheim fertiggestellt. Das letzte Teilstück des Kanals zwischen Nürnberg und Kelheim wird nun ausgebaut. Die Schönheit des Altmühltals wird dadurch beeinträchtigt.

Klima

Das Klima unterliegt wegen der unterschiedlichen Höhenlage der einzelnen Landschaften beträchtlichen Schwankungen und stuft sich von Westen nach Osten ab. Während das Altmühltal, das mittlere und untere Naabtal und das Donautal (Weinanbau) sowie die Südhänge des Vorwaldes milde Temperaturen, meist warme Sommer und schneearme Winter aufweisen, herrscht im Bayerischen Wald, im Oberpfälzer Wald und Steinwald dagegen ein rauhes Klima vor. Dort ist der Frühling meist kurz und der Sommer oft feucht. Der Herbst ist trocken und sonnig und zeigt lange die bunte Pracht dieser Waldregion. (,,Im Herbst ist der Wald am schönsten".) Von vielen Gipfeln des ,,Waldes" bietet sich dem Wanderer eine Fernsicht bis zu den Alpen. Den Beginn des kalten und schneereichen Winters kündigt der ,,Böhmische" an, ein von Osten kommender rauher Fallwind. Bis zu 100 Tagen und länger hält sich eine feste Schneedecke.

Flora und Fauna

Rund 40% der Fläche der Oberpfalz sind noch heute mit Wald bedeckt. Im Steinwald und in einigen Bereichen des Oberpfälzer Waldes ist teilweise ursprünglicher Buchen-Tannen-Fichtenwald noch erhalten geblieben. Im Bayerischen Wald sowie in den Hochlagen des Oberpfälzer Waldes dominiert die Fichte. In den tiefer gelegenen Gebieten des Gebirges und im Jura herrschen anspruchslose Kiefernwälder sowie Fichten- und Mischwälder vor.

Groß ist der Artenreichtum der Pflanzen. Im Waldgebirge finden sich Heidelbeere und Preiselbeere, Farne, Arnica, Hahnenfuß, Siebenstern, Lattiche, Geißblatt, Miere, Seidelbast und Goldnessel. Im Jura sind vor allem die Kalktrockenrasen mit Berg- und Goldaster, mit Gold- und Silberdistel, mit Enzianen und Orchideen sowie Wacholderbüschen erwähnenswert. Eine reiche Wasser- und Sumpfflora begegnet uns an den vielen Weihern: Binsen, Seggen und dunkle Moorkolben wogen am Ufer, und gelbe und weiße Seerosen bilden mit Froschlöffel und Wasserlinsen einen schwimmenden Teppich.

Bär, Wolf, Luchs, Wildkatze, Biber und Fischotter sind ausgestorben. Nur noch Orts- und Flurnamen wie Bärnau, Biberbach oder Wolfsegg erinnern an ihr früheres Vorkommen. Rehwild, Hase, Fuchs sowie Fasan und Rebhuhn sind dagegen weit verbreitet. Seltener sind Dachs, Marder, Iltis und Wiesel. Hirsche kommen vor allem im Steinwald und im Veldensteiner Forst vor. Das Auer- und Birkwild wird im Steinwald und im Ossergebiet bei Lam sorgfältig gehegt. Besonders artenreich (250 verschiedene Arten) ist die Vogelwelt. In den Flußtälern der Naab und des unteren Regen nistet der Storch, in den Weihergebieten brüten zahlreiche Sumpf- und Wasservögel. Hier sind während der Zugzeiten auch seltene Gäste anzutreffen. Ammern, Drosseln, Finken, Meisen, Lerchen, Stare, Schwalben, Nachtigallen, Grasmükken, Rohrsänger und Würger füllen die Natur mit Leben. Auch der Kuckuck läßt seinen Ruf erschallen. Der buntschillernde scheue Eisvogel kann in den Flußtälern mitunter beobachtet werden. An Greifvögeln sind Habicht, Bussard, Sperber und Turmfalke heimisch. Der Uhu wird im Jura besonders gehegt.

Die Oberpfalz gilt unter Sportfischern als Anglerparadies. Nahezu alle Arten der heimischen Fische, von Forellen über Hechte und Zander, Karpfen, Schleien und Aale bis zu den Weißfischen tummeln sich in den Flüssen. Eine begehrte Beute der Sportfischer ist der Waller (Wels), der bis 100 Pfund schwer und 1,50 m lang wird und in Donau, Naab und Regen seinen Standplatz hat. Die Gegend um Tirschenreuth mit ihren zahlreichen Weihern ist Zentrum der Karpfenzucht. Von hierher kommen die beliebten Weihnachts- und Silvesterkarpfen (s. S. 7).

Besiedlung, Siedlungsform

Die Oberpfalz ist ein altbayerisches Land. Dabei ist unter „altbayerisch" die Zugehörigkeit zum Stamm der Baiern zu verstehen, der sich in der ersten Hälfte des 6. Jahrhunderts aus Bevölkerungsgruppen verschiedener Herkunft und Tradition formte und das Land zwischen Donau und Alpen besiedelte. Die Oberpfalz war damals größtenteils ein dichtes Waldgebiet, das nur in den Flußtälern der Altmühl, der Naab und des Regen von einzelnen Siedlungsinseln durchsetzt war und lediglich im Donauraum eine größere waldfreie Siedlungszone aufwies. Dort haben sich die Bayern zuerst niedergelassen, wie Ortsnamen mit der Endsilbe „ing" (Alling, Sinzing) bezeugen.

Regensburg mit seinem befestigten Römerlager wurde der Sitz der bayerischen Herzöge und damit die erste und älteste Hauptstadt Bayerns. Von hier aus erfolgte die Besiedlung, die Hand in Hand ging mit der Missionierung. Herzog Odilo ließ durch die Mönche des Regensburger Klosters St. Emmeram um 740 das Kloster Chammünster errichten. 1133 begann mit der Gründung des Klosters Waldsassen durch Markgraf Diepold III. die Entwicklung des Stiftlandes. Bis nach Eger reichte im gleichen Jahrhundert die bajuwarische Kolonisation, die in Regensburg ihren Ausgang hatte.

Das Siedlungsbild bestimmen Dörfer, Marktflecken und Kleinstädte. Auch den charakteristischen bayerischen Einödhof gibt es häufig. Das Oberpfälzer Bauernhaus war jahrhundertelang meist der Einfirsthof, in dem Wohnung, Stall und Scheune sich unter einem Dach befanden. In den Städten steht das Rathaus meist auf dem rechteckigen Straßenplatz, den man „Saalplatz" nennt.

Burgruine Flossenbürg

Land der Burgen

Überwiegend aus dem 12. Jahrhundert stammen die vielen Burgen und Burgruinen, an denen die Oberpfalz so reich ist wie kein anderes Gebiet Deutschlands: Flossenbürg und Leuchtenberg, die Kürnburg und die Wasserburg Wetterfeld im Raum Roding, Wörth und Donaustauf, Falkenstein, Wernberg und Falkenberg, Wolfsegg und Burglengenfeld und viele andere. Von Loch (Höhlenburg), Wetterfeld und Pettendorf (Wasserburgen) abgesehen, sind alle Burgen der Oberpfalz Höhenburgen. Mächtige Adelsgeschlechter und deren Gefolgsleute, die Ritter, waren die Erbauer der Burgen. Diese dienten als Wehr gegen Osten (Slawen) und zur Sicherung des Herrschaftsbereichs der Burgherren. Unter ihrem Schutz blieben die Handelswege weitgehend vor Überfällen verschont, Städte und Dörfer konnten sich friedlich entwickeln. Aus Gründen der Verteidigung wurden die Burgen „sturmfrei" errichtet, das heißt, es wurde als Standort meist eine Fels- oder Bergkuppe gewählt, die nicht oder nur schwer zu ersteigen war. Vielgestaltig ist meist das architektonische Bild der Burgen.

Der Bergfried, der Hauptturm der mittelalterlichen Burg mit weitem Rundblick, ist der stärkste Bau, letzte Zufluchtstätte und Vorratslager. Burgmauern mit Mauertürmen, ein durch starke

Querbalken gesichertes Tor, ein mehrgeschossiger Palas (Wohnteil der Burg) und eine schlichte Kapelle vervollständigen die Burganlage. Die Erfindung des Schießpulvers, die den gepanzerten Ritterheeren ihre Bedeutung nahm, leitete auch den Niedergang der Burg als Wehrbau ein. Der Dreißigjährige Krieg, in dem die Burgen unter dem Ansturm der Schweden und der ,,Kaiserlichen" fielen, besiegelte ihr Schicksal und gab sie allmählich dem Verfall preis.

Land- und Forstwirtschaft

Die *Landwirtschaft,* in der Oberpfalz vom 17. bis 19. Jahrhundert überwiegend Lebensgrundlage der Bevölkerung, wurde mit zunehmender Industrialisierung in ihrer Bedeutung als Erwerbsquelle zurückgedrängt. Doch stellt sie noch heute einen wesentlichen Wirtschaftszweig dar. Allerdings überwiegt der kleinbäuerliche Betrieb, der manchmal die Familie nicht ernähren kann. Deshalb arbeitet der Landwirt in der ,,Fabrik" und führt den Hof im ,,Nebenerwerb".

Vom Ackerland werden zwei Drittel mit Getreide angebaut. Im Jura reift eine vorzügliche Braugerste. Im Gäuboden südlich von Regensburg wird Zuckerrübenbau betrieben. Auf dem kalkarmen, steinigen Boden des Oberpfälzer Waldes und z. T. auch des Bayerischen Waldes gedeiht besonders die Kartoffel. Die Einnahmen aus der Viehwirtschaft (Milch und Fleisch) sind das finanzielle Rückgrat der Jura- und der Waldbauern. Ergänzt werden sie durch die Erträge der Holznutzung.

Die Teichwirtschaft ist vor allem in der nördlichen und mittleren Oberpfalz ein wichtiger Erwerbszweig der Landwirte. Die Mönche der Klöster Waldsassen und Speinshart waren es, die reiche Erfahrungen und Kenntnisse in der Teichbewirtschaftung und Fischzucht sammelten und ihr Wissen um Gottes Lohn an die Bauern weitergaben. Sie waren Lehrmeister und Förderer zugleich. Der Anteil der Oberpfälzer Karpfen am deutschen Markt beträgt 50%. Ein teichwirtschaftlicher Musterbetrieb in Wöllershof bei Neustadt an der Waldnaab und eine teichwirtschaftliche Vermarktungsgenossenschaft mit Hälterungs- und Räucheranlagen, die in Stulln bei Nabburg ihren Sitz hat, gewährleisten insbesondere den wirtschaftlichen Erfolg der Fischzucht.

Industrie und Fremdenverkehr

Vom 14. bis 17. Jahrhundert war die Oberpfalz das stärkste Industriegebiet Deutschlands. Die Rohstoffe Erz, Feldspat und Quarz, das Holz in den Wäldern und die Wasserkraft der Flüsse als Energiequellen waren die Grundlage einer blühenden Eisen- und Glasindustrie, von der ein großer Teil der Menschen lebte. 268 Hammerwerke an den vielen Flußläufen der Oberpfalz wurden urkundlich erfaßt. Diese Blüte endete, als die Steinkohle (die es in der Oberpfalz nicht gibt) die traditionellen Energiequellen verdrängte.

Mit dem Rückgang der alten Industrien wurde die kleinbäuerliche Landwirtschaft der überwiegende Erwerbszweig. So verarmte das Land im 18. und 19. Jahrhundert und wurde durch starke Abwanderung geschwächt. Der Bau der Eisenbahnen führte im 19. Jahrhundert zum Wiedererstehen der Eisenindustrie. Weiter siedelten sich um 1900 im Norden der Oberpfalz die Bleikristall-, Glas- und Porzellanindustrie an und entwickelten sich hier zu einem der bedeutendsten Standorte in Deutschland. Sie waren aber, wie auch die meisten anderen Industriezweige der Oberpfalz, entscheidend auf die Nachbargebiete Böhmen und Mitteldeutschland als ihre natürlichen Rohstoff- und Absatzmärkte angewiesen.

1945 trat ein entscheidender Wandel ein. Der ,,Eiserne Vorhang" schnitt diese enge Verflechtung ab und rückte die Oberpfalz an den äußersten Rand Westeuropas. Das hat für den Bezug vieler Rohstoffe wie für den Absatz der Fertigwaren hohe Frachtkosten zur Folge, durch die die Wettbewerbsfähigkeit des Gebietes beeinträchtigt wird.

Die jetzige Industriestruktur ist zum Teil noch von den traditionellen Bereichen *Eisen, Glas* und *Feinkeramik* geprägt. In der Oberpfalz werden zusammen mit Oberfranken 94% der bundesdeutschen Feinkeramik produziert. Tafel- und Spiegelglas und vor allem das teils noch im altüberlieferten Mundblasverfahren hergestellte Bleikristallglas begründen den Ruf der Oberpfälzer Glasindustrie in der Welt. Im gleichen Ansehen steht die *Knopfindustrie* von Bärnau. Dazu kommen als wichtige Branchen die *Elektro-, Automobil-, Textil- und Bekleidungs-* sowie *Granit-* und *Holzindustrie.* Das *Handwerk* – wegen seiner Stabilität als Wirtschaftsfaktor hochgeschätzt – ist auch noch mit seltenen Berufen, wie *Holzschnitzer, Kunstschmiede, Töpfer* und *Zinngießer,* vertreten.

Der *Fremdenverkehr* findet in großen Teilen der Oberpfalz sehr günstige Voraussetzungen, wenn man die Schönheit und weitgehende Unberührtheit der Landschaft bedenkt. 45% der Fläche der Oberpfalz gehören zu einem Naturpark, 31% stehen unter Landschaftsschutz (Bayern ca. 17%). So konnte sich der Fremdenverkehr zu einer wichtigen Erwerbsquelle entwickeln. Die Zahl der Übernachtungen ist zwischen 1950 und 1988 von 264 000 auf über 5 Millionen gestiegen.

Die Oberpfälzer

Die Oberpfälzer sind mit Leib und Seele Altbayern. Sie sind widerstandsfähig und zäh, wie es Menschen werden, die an der Grenze leben und Generationen hindurch den Wechselfällen der Geschichte ausgeliefert waren. Zu ihren hervorstechendsten Eigenschaften gehören Fleiß, Bescheidenheit, Ehrlichkeit, Hilfsbereitschaft und Treue. Anfangs verhalten und wortkarg im Gespräch, „tauen" sie auf, wenn sie beim Gesprächspartner Verständnis und Interesse verspüren. Die starke Bindung des Oberpfälzers an Familie, Haus und Heimat liegen in einer tief verwurzelten Religiosität begründet. Seine Naturverbundenheit schlägt sich in vielen Erzählungen und Geschichten nieder. Treu hält er am Brauchtum fest. Die Lust an Lied und Musik, Tanz und Tracht hat er mit allen Altbayern ebenso gemeinsam wie die Freude am Spiel, die im Wirtshaus beim „Schaffkopf" beginnt und sich im Volksschauspiel lebendig fortsetzt.

Sprache

Der Grundbestand der Oberpfälzer Sprache ist das Bayerische. Dies geht aus den sogenannten Kennwörtern hervor, die es nur in dieser Sprache gibt. Zu den wichtigsten Kennwörtern der bayerischen Sprache gehören die alten Formen der 2. Person „ös" und „enk" für „ihr" und „euch". Sie sind in der Oberpfalz ebenso Sprachgut wie die alten Bezeichnungen der Wochentage, z. B. „Irta" ist der Dienstag, „Pfinzta" der Donnerstag, der 5. Tag nach dem Samstag (griechisch „pente").

Während im Sprachraum Regensburg rein „bayerisch" gesprochen wird, weist die übrige Oberpfalz noch eine Besonderheit, die sogenannten „gestürzten Zwielaute" (ei, öi, oi, ou anstelle des oberbayerischen ua), auf. Es tanzen nicht die „Deandl und Buam", sondern die „Moila und Bouma". Nicht der „Schuah" sondern der „Schouh" drückt, nicht der „Huat" sondern der „Hout" sitzt.

Brauchtum und Festspiele

Der Oberpfälzer hängt am Brauchtum seiner Vorfahren und bewahrt es. Er hat die Schönheit der Tracht wiederentdeckt und kleidet sich an kirchlichen und weltlichen Festtagen damit. Auch Volksmusik und Volkstanz haben nach dem Krieg eine Wiedergeburt erlebt und werden von zahlreichen Gruppen allerorts gepflegt. Dabei erfreut sich der gesungene „Zwiefache", der originelle Tanz mit dem verschiedenartigen Wechsel zwischen Zweier- und Dreiertakt, der aus der Oberpfalz stammt, bei den Volkstanzgruppen wachsender Beliebtheit.

Die tiefe Religiosität des Oberpfälzers zeigt sich im Haus, wo das Kruzifix im Herrgottswinkel der Stub'n hängt, in den kirchlichen Festen und im Alltag. Am *Dreikönigstag* ziehen die Sterndlsinger als „Heilige Drei Könige" verkleidet von Haus zu Haus. Am *Palmsonntag* tragen die Burschen handgeschmückte Palmbuschen, die an einem Stecken befestigt sind, in die Kirche zum Weihen. Um Böses abzuwehren steckt man die Palmbuschen hinters Kreuz im Herrgottswinkel, in den Stall, aufs Dach und auf die Felder. Wen am Palmsonntag der „Bettzipfel" nicht ausläßt, der wird scherzhaft „Palmesel" gerufen. Der Speisenweihe (Osterbrot, Schinken, Salz, Eier und Kren) am *Ostersonntag* folgt der Emmausgang am *Ostermontag*.

Fronleichnam wird in der Oberpfalz auch „Prangertag" oder „Kranzltag" genannt, nach den Kränzen, die Frauen und Kinder bei der Prozession tragen. Zwischen Ostern und Ernte ist die Zeit der Bittwochen, Flurprozessionen und Umritte. Am „Großen Frauentag" *Mariä Himmelfahrt* läßt man einen Kräuterbüschel weihen, der vor Gewitter und Seuchen schützen soll, und hängt ihn in Haus und Stall auf. Das Anzünden der Grablichter an *Allerheiligen,* die Feier des *Barbaratags* durch die Bergleute und das Anklöpfeln, die Herbergssuche und das Kindlwiegen bei der *Christmette* zeigen das von der religiösen Welt geprägte Brauchtum.

Auf dem Dorfplatz wird am Vorabend des ersten Mai der *Maibaum* aufgestellt und dann getanzt. Der Maibaum trägt einen Erntekranz mit flatternden Bändern und Darstellungen aus dem bäuerlich-handwerklichen Leben. In der Kötztinger Gegend gehen die Buben zum *Pfingstlsingen.* Einer von ihnen, „der Pfingstl", in Birkenlaub gehüllt und mit bunten Bändern und Blüten geschmückt, tanzt zum Gesang im Kreis herum.

„A richtiger Kirta dauert Sunnta, Mona und Irta, 's ko se a schicka bis zum Mika" sagt man in der Oberpfalz, und fast jedes Dorf feiert seinen Kirta oder Kirwa, sein *Kirchweihfest,* das oft mehrere Tage dauert. Die Verbundenheit des Oberpfälzers mit seinem Schöpfer beweisen auch die Holz- und Steinkreuze, die Bildstöcke und Kapellen an den Feldern und Wegen, die Passionskreuze mit den Werkzeugen der Passion an den Häusern und die Nepomuk-Statuen an den Brücken.
Den Verstorbenen bettete man früher bis zur Beerdigung auf das *Totenbrett.* Ihm zum Gedächtnis wurde es – geschnitzt und bemalt – mit einer Inschrift versehen, am Weg, unter Baumgruppen oder an einer Hauswand aufgestellt. Die Vorübergehenden sprachen ein kurzes Gebet für den Toten. Totenbretter findet man noch in den Landkreisen Cham, Neustadt an der Waldnaab und Schwandorf.

Über 20 *Wallfahrtsorte* haben die Oberpfälzer in ihrer Tradition lebendig erhalten, darunter den Fahrenberg bei Waldthurn, die Kappel bei Waldsassen, den Eichelberg bei Hemau, den Habsberg, St. Sebastian bei Breitenbrunn, den Kreuzberg in Pleystein, Maria Hilf in Amberg und St. Anna in Sulzbach. *Votivbilder* – Zeugnisse gläubigen Gottvertrauens – finden wir in der Wies bei Moosbach, in Bärnau, in Pielenhofen und anderswo.

Beim *Kötztinger Pfingstritt,* der größten Reiterwallfahrt im deutschsprachigen Raum, ziehen über 400 Reiter von Kötzting hinaus ins Zellertal zur Kirche von Steinbühl, wo der mitreitende Geistliche eine Messe zelebriert. Nach der Rückkehr wird das Tugendkränzchen dem Pfingstbräutigam überreicht, der nun mit seiner Braut die Pfingsthochzeit hält. Der Pfingstritt ist seit 1412 nachweisbar. Auf ein Gelübde des Jahres 1796 geht der *St.-Jodok-Ritt* in Tännesberg zurück. Dieser Ritt wird am 2. Sonntag des Juli mit Bauern und Rittern in historischen Gewändern durchgeführt. Vom „Hussenkrieg" handeln die an den Juliwochenenden aufgeführten *Neunburger Burgfestspiele.*

Im nächtlichen Freilichtspiel *Trenck der Pandur vor Waldmünchen* wird eine dramatische Geschichte des Österreichischen Erbfolgekrieges aus dem Jahr 1742 lebendig. Der gefürchtete Pandurenoberst Franziskus Seraph von der Trenck fiel mit seinen Reiterscharen in Bayern ein, eroberte viele Städte, u. a. auch München, brannte Cham nieder, um die Verbindung zwischen Bayern und Böhmen (Further Senke) zu sichern, und stand nun vor den Toren Waldmünchens. Ein mutiges Mädchen, die schöne Katharina Schwab – Tochter des gemordeten Stadtkämmerers aus Cham –, die er gewaltsam in seinem Troß mit sich führte, vermochte sein Herz zu rühren und so das schlimmste Schicksal von der Stadt abzuwenden.

Further Drachenstich

Das älteste deutsche Volksschauspiel – der *Further Drachenstich* – wird seit über 500 Jahren aufgeführt. Der Ritter, der den Drachen tötet, die Prinzessin befreit und Land und Leute rettet, war ursprünglich ein heiliger Georg, der im Mittelpunkt einer Figurengruppe bei der Fronleichnamsprozession mitzog und nach dem kirchlichen Fest sein Wagstück vollführte. Seit 1886 findet der Drachenstich jeweils in der zweiten Augustwoche statt. 1922 wurde er durch ein Festspiel erweitert. Die Schlacht bei Taus 1431 während des Hussitenkrieges ist der geschichtliche Hintergrund, der im Festspiel und im Festzug (1100 Mitwirkende in historischer Kleidung) wieder lebendig wird. Dabei wird der Drache zum Symbol des Bösen und der Kriegsbedrohung an der Grenze. Der Sieg des Weißen Ritters über den Drachen versinnbildlicht den Sieg des Guten über das Böse und das Abwehren des Feindes als Schicksalsaufgabe des Grenzlands, denn „niemand weiter drinnen im Land hält den Drachen auf, wenn es nicht hier geschieht". Wie schon in alter Zeit ist der Höhepunkt des Spiels der Drachenstich, das Anreiten des Ritters im gestreckten Galopp gegen das Ungeheuer und der gezielte Lanzenwurf in dessen feuerspeienden Rachen. Die Spannung, die Spieler und Zuschauer gleichermaßen fesselt, löst sich nach dem ritterlichen Kunststück des Drachenstichs in Jubelrufen, im Geläut der Kirchenglocken und in Fanfarenstößen.

Geschichtlicher Überblick

Vor 80 000 Jahren jagen Neandertaler im Donautal, wie Steinwerkzeuge der Altsteinzeit u.a. aus *Oberisling* zeigen.

Um 5000 v. Chr. Mit den ersten Ackerbauern, die aus dem Balkan einwandern und sich südlich der Donau auf den Lößböden niederlassen, beginnt die Jungsteinzeit, aus der die bedeutende Dorfanlage in *Regensburg-Harting* stammt.

1800–700 v. Chr. Zahlreiche Gräber mit Schmuck und Waffen aus Bronze im Oberpfälzer Jura und im Gäuboden belegen den Landesausbau in der Bronzezeit.

700–400 v. Chr. Befestigte Höhen (Donaustaufer Burgberg) und Höfe charakterisieren die frühe Eisenzeit, in deren Verlauf die *Kelten* als Volk hervortreten.

Um 400 v. Chr. Beginn der Keltenwanderungen; Siedlungsrückgang in der Oberpfalz.

15 v. Chr. Unter Kaiser *Augustus* Beginn der römischen Eroberung des Alpenvorlandes; 70–90 n. Chr. Befestigung der Donaugrenze mit Kastellen (Eining, Regensburg, Straubing, Passau).

179 n. Chr. Kaiser *Marc Aurel* stationiert die 3. italische Legion mit 6000 Mann im Lager Castra Regina, das den Kern der heutigen Altstadt von Regensburg bildet.

Ab 233 wiederholte Einfälle der *Alemannen* und mehrfache Zerstörung des Legionslagers bis zur Preisgabe der Provinz 401 n. Chr.

5. Jahrhundert Übernahme des Legionslagers durch Elbgermanen (Thüringer bzw. *Baiuvarii*, die „Leute aus Böhmen" – namengebender Kern des Bayernstammes).

6. Jahrhundert Auch der außerhalb des Römerreiches verbliebene Teil der Oberpfalz gehört zum thüringischen Machtbereich, bis 531 die *Franken* die Herrschaft übernehmen. Unter ihrem Einfluß etabliert sich das erste bayerische Herzogshaus aus dem (fränkischen?) Geschlecht der *Agilolfinger,* deren Stammsitz spätestens im 7. Jahrhundert Regensburg wird.

739 Unter Herzog *Odilo* baut der heilige *Bonifatius* eine Rom verbundene Landeskirche in Bayern auf und gründet das Bistum Regensburg, das Ausgangspunkt der Kolonisation Ostbayerns und Böhmens wird.

788 Mit Herzog *Tassilo III.*, der von Karl dem Großen abgesetzt wird, endet die über 200jährige Herrschaft der Agilolfinger. Bayern wird Provinz des *fränkischen Reichs.*

Nach 790 *Karl der Große* wehrt die Einfälle der *Awaren* ab und gründet die „Mark auf dem Nordgau", die sich nach Norden und Osten ausweitet und vom 11. Jahrhundert an auch das Egerland erfaßt. Die Bezeichnung Nordgau besteht in Gerichts- und Herrschaftsräumen bis ins 19. Jahrhundert fort.

843 *Ludwig der Deutsche,* der Enkel Karls, erhält das *Ostfrankenreich.* Unter ihm und Kaiser *Arnulf von Kärnten* (887–899) wird Regensburg Sitz der Reichsverwaltung und Hauptstadt des Ostfrankenreichs. Mit *Ludwig dem Kind* erlischt 911 das Geschlecht der ostfränkischen Karolinger.

907 Niederlage Markgraf *Luitpolds* und des bayerischen Heerbanns bei Preßburg. Sein Sohn *Arnulf* wird Herzog (907–937 Jüngeres Stammesherzogtum).

907–955 Die *Ungarn* fallen ein.

973 Errichtung des *Bistums Prag* für Böhmen, das bis dahin zum Bistum Regensburg gehörte.

1002 Der Sachse Heinrich, Herzog von Bayern, wird zum König *Heinrich II.* gekrönt.

1180 Kaiser Friedrich Barbarossa belehnt den Wittelsbacher *Otto I.* mit dem Herzogtum Bayern.

1214 Die Rheinpfalz kommt zu Bayern.

1245 Regensburg – eine der bedeutendsten deutschen Handelsstädte – wird freie Reichsstadt.

1255 Bei der ersten Teilung Bayerns erhält *Ludwig der Strenge* Oberbayern, das ein beträchtliches Stück über die Donau in die heutige Oberpfalz hineinreicht, und die Rheinpfalz. Sein Bruder *Heinrich XII.* bekommt Niederbayern.

1322 Kaiser *Ludwig der Bayer* verpfändet das Egerland an den Böhmenkönig als Dank dafür, daß dieser ihm im Streit um den Kaiserthron Kriegshilfe geleistet hatte.

1329 Kaiser Ludwig der Bayer überträgt im *Hausvertrag von Pavia* den Söhnen seines Bruders Rudolf einen großen Teil der Oberpfalz (Nordgau) und die Rheinpfalz oder Kurpfalz, deren Hauptstadt Heidelberg ist. Zum Unterschied von der Pfalz am Rhein nennt man das bayerische Land mit der Hauptstadt Amberg, wo die Statthalter der pfälzischen Kurfürsten residieren, „der Pfalz Land in Baiern", bis schließlich der 1513 erstmals urkundlich bezeugte Name die „Obere Pfalz" aufkommt.

1355 *Karl IV.*, der nach Ludwig dem Bayern deutscher König und abendländischer Kaiser wurde, erwirbt Teile des Nordgaus und macht Sulzbach zur Hauptstadt „Neuböhmens".

1387 68 Hammerwerksbesitzer schließen sich mit den Städten Amberg und Sulzbach zur „Hammereinigung" zusammen und regeln Absatz, Preis, Arbeitszeit und Lohn der Eisenherstellung.

1420–1434 Unter ihrem Anführer Ziska fallen die *Hussiten* immer wieder brandschatzend in die Oberpfalz ein und verwüsten viele Städte wie Furth, Pleystein, Waldsassen u. a. 1433 werden sie in der Schlacht von Hiltersried bei Waldmünchen schwer geschlagen.

1503–1505 Der *Landshuter Erbfolgekrieg* bringt nach zweieinhalb Jahrhunderten eine Vereinigung Ober- und Niederbayerns mit Teilen der Oberpfalz zu einem Land. Das Gebiet um Schwandorf und Burglengenfeld bis Hemau und Velburg kommt zum neugeschaffenen *Herzogtum Pfalz-Amberg* (Jung Pfalz). Neben dem wittelsbachischen *Teilfürstentum Sulzbach,* das über Weiden und Floß nach Vohenstrauß reicht, bestehen in der Oberpfalz verschiedene andere Herrschaftsbereiche, wie die *Landgrafschaft Leuchtenberg,* die Pfreimd und Wernberg umfaßte, die *Grafschaft Störnstein* mit Neustadt a. d. Waldnaab, Waldthurn und Schönsee des Fürsten von Lobkowitz, die *Grafschaften Sulzbürg* und *Pyrbaum,* das *Stiftland* des alten Zisterzienserklosters Waldsassen im Gebiet des heutigen Landkreises Tirschenreuth und die geistliche *Herrschaft der Bischöfe von Regensburg* (Donaustauf und Wörth).

1618–1648 Die Oberpfalz ist im *Dreißigjährigen Krieg* Hauptkriegsschauplatz und wird schwer heimgesucht. Viele Orte – manche davon sogar mehrmals – werden niedergebrannt. Von den über 100 Eisenhämmern sind nach dem Krieg nur noch 40 in Betrieb. Die Bevölkerung wird stark dezimiert.

1628 Kurfürst *Maximilian von Bayern* löst die Pfälzer in ihrer 300 Jahre dauernden Herrschaft ab. Die Oberpfalz wird wieder bayerisch.

1663 Der *Immerwährende Reichstag* des Heiligen Römischen Reiches Deutscher Nation nimmt seinen Sitz in Regensburg.

1705 Während des *Spanischen Erbfolgekrieges* (1701–1714) erheben sich die Oberpfälzer Bauern vergeblich gegen die Zwangsrekrutierungen.

1740–1748 Im *Österreichischen Erbfolgekrieg* verwüsten die Pandurenhorden der Kaiserin Maria Theresia unter dem Obristen Franz von der Trenck die Oberpfalz.

1748 Die *Fürsten von Thurn und Taxis* werden Prinzipalkommissäre beim Reichstag, d. h. ständige Vertreter des Kaisers.

1803 Durch die Säkularisation kommt der bayerische Staat in den Besitz aller Klöster und des Hochstifts Regensburg. Regensburg fällt als letztes geistliches Fürstentum an den Fürstprimas *Carl Theodor von Dalberg.*

1806 Die verschiedenen Gebiete werden im „neuen Bayern" verschmolzen (Mediatisierung). Bayern wird Königreich.

1808 Bayern schafft als erster Staat Europas die Leibeigenschaft ab. Erstes Verfassungsdekret („Konstitution").

1810 Regensburg löst Amberg ab und wird Hauptstadt des Regenkreises.

1818 König *Max I. Josef* erläßt die bayerische Verfassung, in der bereits „Grundrechte" verankert sind.

1837 Die Oberpfalz erhält im wesentlichen ihre heutige Gestalt und bekommt die Bezeichnung „Oberpfalz und Regensburg".

1846 König Ludwig I. eröffnet den *Ludwig-Donau-Main-Kanal.*

1859 Die erste Eisenbahn fährt in der Oberpfalz.

1864 König *Ludwig II.* von Bayern übernimmt die Regierung.

1870/71 Im *Deutsch-Französischen Krieg* tritt Bayern dem Deutschen Reich bei.

1934 Bayern verliert sämtliche Hoheitsrechte an das Deutsche Reich.

1945 Bayern wird amerikanische Besatzungszone. Die Pfalz links des Rheins wird abgetrennt. Viele Vertriebene, insbesondere aus dem Sudetenland, finden in der Oberpfalz eine neue Heimat.

Kunst und Kultur

Architektur

Ein eindrucksvolles Zeugnis von der Festungsbaukunst der Römerzeit geben die mächtigen Quader der *Porta Praetoria* in *Regensburg,* die das Nordtor des Römerlagers Castra Regina bildete und als ältester steinerner Hochbau Deutschlands gilt (179 n.Chr.).

In der Romanik (10.–13. Jh.) tritt uns sinnfällig die mittelalterliche Einheit von weltlicher Machtfülle und christlicher Frömmigkeit in vielen großen Bauten entgegen. Vor allem *Regensburg* bewahrt hervorragende Monumente romanischen Baustils, wie die *Schottenkirche St. Jakob,* die *Stephanskirche* (Alter Dom), die *Allerheiligenkapelle* im Domkreuzgang, den Hauptbau der *Alten Kapelle, St. Emmeram* und die *Klosterkirche* von *Prüfening,* den ersten bedeutenden Bau der Hirsauer Schule in Altbayern. Auch die *Steinerne Brücke* (1135–1146) – eine Glanzleistung mittelalterlicher Ingenieurkunst – ist romanischen Ursprungs. In der Oberpfalz stehen bedeutende romanische Kirchen in *Altenstadt/Waldnaab, Ammerthal, Kastl, Perschen, Venedig* bei Nabburg und *Walderbach.*

Das großartigste Beispiel gotischer Baukunst in Bayern ist der *Dom* zu *Regensburg.* Die *Ulrichs-, Minoriten-, Dominikaner-* und *Niedermünsterkirche,* der *Kreuzgang* von *St. Emmeram,* das *Alte Rathaus* mit reichverziertem Erker und die stattlichen Patrizierhäuser mit mächtigen Türmen sind weitere Bauwerke aus der Zeit der Gotik in Regensburg. Der Gotik gehören die *St. Georgs-* und *St. Martinskirche* in *Amberg,* die Klosterkirchen von *Gnadenberg* und *Seligenporten,* die Pfarrkirchen von *Eschenbach, Kemnath, Nabburg, Neumarkt* und *Sulzbach* und die Rathäuser in *Amberg, Neumarkt* und *Sulzbach* an. Der Eindruck einer spätmittelalterlichen befestigten Kleinstadt ist am besten in *Berching* erhalten.

Die Baukunst der Renaissance (15.–16. Jh.), in der Oberpfalz nur selten anzutreffen, zeigt sich vor allem in der *Regierungskanzlei,* den *Tortürmen* und dem *Erweiterungsbau des Rathauses* in *Amberg,* südlich anmutenden Arkadenhöfen in der *Neuen Waag* und im *Thon-Dittmer-Haus* in Regensburg sowie im *Schloß Fronberg* bei *Schwandorf* und dem *Schloß Friedrichsburg* in *Vohenstrauß.*

Kein Baustil ist in Bayern so bereitwillig aufgenommen, weiterentwickelt und zu einer letzten Blüte geführt worden wie der Barock (17.–18. Jh.). Von den Klosterkirchen *Ensdorf, Frauenzell, Michelfeld, Pielenhofen, Reichenbach, Speinshart* und *Waldsassen* über die Wallfahrtskirchen *Mariahilf* in *Amberg* und *Freystadt* sowie die *Kappel* bei *Münchenreuth* bis zur *Alten Kapelle, St. Kassian* und *St. Emmeram* in *Regensburg* und der Pfarrkirche in *Pfreimd* feiert der Barock seine Triumphe. Eine besondere Eigenart des Barocks in der Oberpfalz ist das Akanthusblatt im Schnitzwerk der Altäre. Akanthus ist ein Schmuckmotiv, das auf die gleichnamige Distelpflanze aus dem Mittelmeerraum und deren schöne Blattform zurückgeht. In den Kirchen von *Eslarn, Reuth* bei Erbendorf, *St. Quirin, Thumsenreuth, Vilshofen* und *Waldau* stehen typische Akanthusaltäre. Als Nachklang zum Barock sind die Rokokokirchen in *Arrach* bei Falkenstein und *Katzdorf* bei Neunburg v. Wald zu nennen.

Im Klassizismus (19. Jh.), der sich um schmucklose Strenge als Ausdrucksform bemühte und die Schönheit der Proportionen wirken ließ, entstand als berühmtestes Bauwerk die *Walhalla.*

Plastik und Malerei

Kunstgeschichtlich hochwertige Zeugnisse der Romanik in *Regensburg* sind die Steinfiguren in der Vorhalle von *St. Emmeram* und am Portal der *Schottenkirche St. Jakob.* Die Friedhofskapelle von *Perschen* und die *Klosterkirche Prüfening* bewahren großartige Fresken.

Die Werke des *Erminoldmeisters* (um 1280), Verkündigungsengel und Maria im Regensburger Dom sowie das Hochgrab des ersten Prüfeninger Abtes Erminold gehören bereits der frühen Gotik an. In dieser Epoche sind auch die Flügelaltäre von *St. Wolfgang* bei *Velburg* und von *Tirschenreuth* entstanden. Das Einssein von Mensch und Natur ist ein Kennzeichen der sogenannten Donauschule, die in *Albrecht Altdorfer* (1480–1538), dem Ratsherrn und Stadtbaumeister von Regensburg, ihren Meister fand. Er war der Schöpfer des reinen Landschaftsgemäldes.

Bezeichnend für die Barockzeit ist, daß sich ganze Künstlerfamilien betätigen:

Die Kappel bei Münchenreuth

Die *Dientzenhofer* beeinflußten als Baumeister entscheidend die Bautätigkeit in der Oberpfalz (Michelfeld, Speinshart, die Kappel u. a.). *Cosmas Damian Asam* (1686–1739) als Baumeister und Maler und sein Bruder *Egid Quirin Asam* (1692–1750) als Bildhauer und Stukkateur schufen Meisterwerke der Kirchenausstattung (Ensdorf, St. Emmeram, Frauenzell, Mariahilf in Amberg u. a.). In der Klosterbibliothek zu Waldsassen ist *Carl Stilp* der Meister der Schnitzereien. Gefühlsstarke Bewegtheit seiner Figuren zeichnen den großen Rokokobildhauer *Ignaz Günther* aus Altmannstein aus.

Im 18. Jahrhundert wurde die *Hinterglasmalerei* als Zeichen bäuerlicher Volkskunst besonders in Winklarn und Neukirchen b. Hl. Blut gepflegt. Die *Krippenschnitzer* im Stiftland verdanken ihren Ruf der Natürlichkeit und Schlichtheit ihrer Figuren. Noch heute wird diese Volkskunst zur Winterzeit neben dem Beruf ausgeübt.

Musik

Die Pflege der Musik hat in der Oberpfalz eine lange und reiche Tradition. Sie führt von *Wilhelm von Hirsau,* der als Mönch von St. Emmeram eine bedeutende Musiktheorie schrieb, über die *Domsingschule* des Mittelalters bis zu den weltberühmten Komponisten *Christoph Willibald Gluck* (1714–1787) und *Max Reger* (1873–1916). Gluck (in Erasbach/Berching geboren) schuf ein neues musikalisches Drama. Auch Max Reger (in Brand geboren und entscheidende Jahre seines Schaffens in Weiden tätig), in dessen Kompositionen sich die Polyphonie mit der Harmonik verbindet, ging unbeirrt den Weg in musikalisches Neuland. Im 19. Jahrhundert nahm unter *Carl Proske* von Regensburg die Erneuerung der Kirchenmusik ihren Lauf. Die *Regensburger Domspatzen* führte Theobald Schrems ab 1935 zur Weltgeltung.

Literatur

Aus der Feder des Regensburger Mönchs *Otloh von St. Emmeram* (um 1050) gingen zahlreiche theologische Werke sowie Gedichte und Übersetzungen hervor. Regensburg preist er als berühmteste Stadt Deutschlands. Der *Pfaffe Konrad* aus Regensburg schuf das ,,Rolandslied". Von *Neidhart von Reuenthal* über *Reimar von Brennberg* bis *Hadamar von Laaber* spannt sich der Bogen der Minnesänger im 12. und 13. Jahrhundert. Das ,,Buch der Natur" des Regensburger Domherrn *Konrad von Megenberg* ist eine eingehende Beschreibung der Natur nach dem Wissensstand des ausgehenden Mittelalters und damit das erste deutschsprachige Werk dieser Art. *Johann Andreas Schmeller* aus Tirschenreuth (1785 bis 1850) schuf sein vierbändiges ,,Wörterbuch der bayerischen Mundart", das heute noch ein Standardwerk der Sprachforschung ist. *Josef Rudolf Schuegraf* (1790–1861) aus Cham verfaßte Orts- und Landschaftschroniken. Bekannte Dichternamen aus neuerer Zeit sind *Georg Britting, Gottfried Kölwel* und *Florian Seidl.*

Kulturleben der Gegenwart

Regensburg hat ein eigenes Stadttheater, in dem ganzjährig gespielt wird. Im Stadttheater *Amberg* und im Josefshaus in *Weiden* treten Tournee-Ensembles auf. Besondere Bedeutung im kulturellen Bereich hat die Musikpflege, wie die Beispiele der *Regensburger Kirchenmusikschule* und des weltberühmten Chors der *Regensburger Domspatzen* zeigen. Die sonntäglichen Orgelkonzerte in der Minoritenkirche und die sommerlichen Serenaden im Kreuzgarten des Museums in *Regensburg,* die Schloßkonzerte in *Sünching* und die musikalischen Aufführungen in der Basilika zu *Waldsassen* bieten Erlebnisse eigener Art. Die alle 2 Jahre stattfindenden *Weidener Musiktage* zum Gedächtnis Max Regers dienen der Förderung neuer Musikwerke. Die Volksmusik – getragen von einer Vielzahl von Gruppen, vor allem im ländlichen Bereich – hat zum ursprünglichen Liedgut zurückgefunden und erlebt eine Erneuerung.

Speisen und Getränke

Der Kargheit der Landschaft entsprechend war die *Kartoffel* jahrhundertelang das wichtigste Nahrungsmittel in der Oberpfalz. Ein bekannter Spruch, der bis vor wenigen Jahrzehnten bei der bäuerlichen Bevölkerung noch lautete:

„Erdöpfl in der Freih (Frühe),
mittags in der Bräih (Brühe),
abends zu jeder Zeit,
Erdöpfl in alle Ewigkeit."

Zwar ist die Kartoffel auch heute noch wichtige Grundlage der Küche, doch bieten die bodenständigen Gasthöfe viele köstliche Speisen, wie z. B. *Forelle* blau oder geräuchert, *Karpfen* gebacken, gesotten oder geräuchert, sowie *Hecht* und *Zander* vom Grill. Hauptgericht ist aber nach wie vor der *Schweinsbraten mit Reiberknödl* (aus geriebenen rohen Kartoffeln).

Spezialitäten

Bratwürste vom Holzkohlenrost aus der „Historischen Wurstküche" neben der Steinernen Brücke, *Knacker,* die anderswo einfach „Regensburger" heißen, *Weichser Radi,* ein besonders milder und saftiger Rettich, und *Waller* vom Rost oder im Wurzelsud sind kulinarische Köstlichkeiten in Regensburg.

Die berühmte bayerische *Weißwurst,* die aus Kalbsbrat, Speck, Petersilie und Wasser gemacht wird, gibt es überall in der Oberpfalz. Sie soll das „Zwölfuhrläuten nicht erleben". Jeder Bissen wird in süßen Senf getaucht und zusammen mit Laugenbrezen gegessen. Kaum weniger berühmt ist der *Leberkäs,* aus einem gebackenen Gemisch verschiedener Fleischsorten; er wird kalt, gebraten oder überbacken gegessen.

Ein erfrischendes Gericht ist der *Wurstsalat.* Dazu werden „Regensburger" in feine Scheiben geschnitten und mit Zwiebelringen, Essig, Öl und Pfeffer vermischt.

Weitere Schmankerl sind *Bauerngeräuchertes, Knöcherl-* oder *Fleischsulz* (Sülze), *Preßsack,* gebratene *Schweins- und Kalbshaxen* und der *Obatzte,* ein Gemisch aus Camembert, Butter, Paprika, Kümmel und Zwiebel. *Schmalzgebackenes* (Küchel u. a.) an Festtagen und viele Brotsorten und Brotformen vom *Kipferl* über die *Kaisersemmel* bis zum *Bauernbrot* runden das Angebot ab.

Gastronomisches Wörterbuch

Beinfleisch = gekochtes Rindfleisch
Geröstete Kartoffeln = Bratkartoffeln
Geselchtes = geräuchertes Schweinefleisch
Kaiserschmarrn = Eierteigflecken mit Rosinen
Krautwickerl = Weißkrautrollen mit Hackfleischfüllung
Pfannkuchen = Eierkuchen
Reiberdatsch = Kartoffelpuffer
Rohrnudeln = gebackene Hefeteigwürfel
Schlachtschüssel = Leber- und Blutwurst, gekochtes Schweinefleisch und Sauerkraut
Schwammerl = Pilze
Strudel = Rollen aus dünnem Nudelteig mit verschiedener Füllung
Wammerl = fetter, durchwachsener Schweinebauch
Zwetschgendatsch = Pflaumenkuchen

Getränke

Das Hauptgetränk in der Oberpfalz ist das *Bier.* Geschützt durch das älteste Lebensmittelgesetz der Welt, das Reinheitsgebot des Herzogs Wilhelm IV. von 1516, das verbietet, etwas anderes als Wasser, Malz und Hopfen zum Brauen zu verwenden, wird das bayerische Bier noch heute nur aus Naturprodukten hergestellt, ohne Zusatz von Chemikalien. Das helle und dunkle *Faßbier* (Lagerbier) hat eine Stammwürze von 11–12%. Zu besonderen Jahreszeiten wird *Bockbier* mit 18–19% Stammwürze gebraut. Eine besondere Art ist das *Weißbier,* ein leichtes, schäumendes Bier, zu dessen Zubereitung anstatt Gerste Weizen verwendet wird. Das *Zoiglbier,* ein untergäriges und ungefiltertes Bier, von brauberechtigten Bürgern im „Kommunbrauhaus" selbst hergestellt, ist im Spätherbst eine Spezialität in einigen Orten der nördlichen Oberpfalz. Man bestellt eine „Maß" (1 Liter) oder eine „Halbe" (½ Liter). An heißen Tagen erfrischt eine „Radlermaß" – eine Mischung aus Bier und Limonade.

Der *Böhmische* ist ebenso ein Klarer wie der *Bärwurz,* der aus einer seltenen Wurzel gebrannt wird und für den Magen so bekömmlich ist wie der *Schwoazbeer Bitter* aus Heidelbeeren.

Bei Regensburg, Bach und Kruckenberg westlich von Wörth an der Donau wird heute noch ein herb-würziger *Wein* angebaut.

Ferien in der Oberpfalz

Reisezeit

Die Oberpfalz ist wegen ihres Waldreichtums ein Paradies für Wanderer und Naturfreunde und bietet sich grundsätzlich ganzjährig für einen Erholungs- und Erlebnisurlaub an. Beliebteste Reisezeiten sind der Sommer und der Herbst. Mit dem Spruch „Im Herbst ist der Wald am schönsten" wirbt der Fremdenverkehrsverband Ostbayern zu Recht für einen preiswerten Urlaub in der Nachsaison (Ende September mit Oktober).

Information

Auskünfte erteilen der Fremdenverkehrsverband Ostbayern e. V., Landshuter Straße 13, 8400 Regensburg, Telefon 09 41/56 02 60, und die örtlichen Verkehrsämter.

Unterkunft

Die Oberpfalz bietet eine breite Palette an Unterkunftsmöglichkeiten (Hotels, Gasthöfe, Pensionen, Privatzimmer, Ferienwohnungen). Der typische Landgasthof moderner Prägung mit guter und reichhaltiger Verpflegung stellt das häufigste Angebot dar. Die Oberpfalz ist eines der preisgünstigsten Urlaubsgebiete der Bundesrepublik. Die Preise für Übernachtung mit Frühstück bewegen sich zwischen 15 DM (Privatunterkunft) und 140 DM (Luxushotel) je Person.

In diesem Führer sind die Hotels und Gasthöfe in drei Gruppen eingeteilt: ⌂⌂⌂ = erstklassiges Hotel, ⌂⌂ = gutes Hotel (Gasthof), ⌂ = einfaches Gasthaus.

Die Preise belaufen sich für Übernachtung mit Frühstück bei: ⌂⌂⌂ von 70 bis 140 DM, ⌂⌂ von 25 bis 70 DM, ⌂ von 15 bis 25 DM. Die Preise für Halbpension liegen zwischen 25 und 150 DM und für Vollpension zwischen 35 und 160 DM.

Ferien auf dem Bauernhof

Diese preisgünstige Urlaubsform eignet sich insbesondere für Familien mit Kindern und erfreut sich in den Ferienorten der Oberpfalz zunehmender Beliebtheit.

Hallen- und beheizbare Freibäder

Über 90 modern ausgestattete Hallen- bzw. beheizbare Freibäder bieten die Städte und touristisch bedeutenden Fremdenverkehrsorte der Oberpfalz.

Häuser des Gastes

Diese Fremdenverkehrseinrichtungen (Aufenthalts-, Bibliotheks-, Leseräume, Spielzimmer u. ä.) stehen in mehreren Orten zur Verfügung.

Camping

Entlang der Flußläufe (Donau, Altmühl, Naab, Regen, Vils) und an den vielen Seen und Weihern (u. a. am Bodenwöhrer Weiher, Gaisweiher, Neubäuer Weiher, Rußweiher, Perlsee, Silbersee, Süßenloher Weiher) stehen rund 40 gut eingerichtete Campingplätze zur Wahl.

Jugendherbergen

12 Jugendherbergen bereichern das Angebot an Übernachtungsmöglichkeiten. Auskünfte: Landesverband Bayern des Deutschen Jugendherbergswerks, Mauerkircher Str. 5, 8000 München 80.

Wanderwege

Hauptwanderlinien des Oberpfälzer Waldvereins sind *Grenzweg* (Waldsassen–Waldmünchen, 132 km), *Burgenweg* (Waldershof–Rötz, 139 km) und *Grün-Weiß-Linie* (Neusorg–Rötz, 150 km). Weitere interessante Wanderwege sind der *Pandurensteig* (Waldmünchen – Passau, 160 km) und der *Glasschleiferweg* (Gehenhammer – Pleystein – Moosbach – Gehenhammer, 78 km). Auskünfte erteilen der Oberpfälzer Waldverein, Bgm.-Prechtl-Str. 31, 8480 Weiden, und der Waldverein Regensburg, Obermünsterstr. 12, 8400 Regensburg.

Museen

Die Oberpfalz ist reich an kultur- und kunstgeschichtlichen sowie volkskundlichen Museen. Beispielhaft werden das *Städtische Museum Regensburg,* das *Industrie- und Bergbaumuseum Theuern* bei Amberg, das *Bauernmuseum* in *Perschen* bei Nabburg, das *Handwerksmuseum* in *Hillstett* bei Rötz sowie die *Jagdmuseen* in *Schönsee* und auf *Burg Falkenstein* genannt.

Sport

Im Sommer wird mit Angeln, Golf, Radfahren, Reiten, Schwimmen und Tennis ein breites Betätigungsfeld angeboten.

Räumliche Schwerpunkte des *Wintersports* sind der Steinwald mit südlichem

Fichtelgebirge (Brand, Erbendorf, Immenreuth, Mehlmeisel, Pfaben), der Oberpfälzer Wald (Altglashütte/Hohenthan, Eslarn, Flossenbürg, Pleystein mit Fahrenberg, Schönsee), der Bayerische Wald (Furth i. Wald, Kötzting, Lam, Neukirchen b. Hl. Blut, Waldmünchen) und der Falkensteiner Vorwald (Falkenstein, Wörth a. d. Donau). Neben 55 Skiliften bieten die Wintersportorte auch Gelegenheit zum Skiwandern sowie zum Eisstockschießen, Eislaufen und Rodeln. Ein Langlaufzentrum mit einem vielfältigen Loipenangebot gibt es bei der Silberhütte im Landkreis Tirschenreuth. Außerdem besteht an vielen Orten die Möglichkeit, an einem Skikurs teilzunehmen. Die Wintersportgebiete der Oberpfalz sind schneesicher und vor allem föhn- und lawinenfrei.

Grenzverkehr

Grenzübergänge in die Tschechoslowakei (ČSSR) sind in *Furth im Wald* (B 20) und in *Waidhaus* (B 14) vorhanden. Für eine Reise in die ČSSR sind ein gültiger Reisepaß und ein Touristenvisum erforderlich, das bei den Konsulaten beantragt werden muß. Die Besorgung ist über ein Reisebüro möglich.

Einkäufe und Andenken

Exklusive, mundgeblasene Gläser oder auch Kristallgläser mit edlem Schliff sowie wertvolles Porzellan oder Gebrauchsporzellan sind beliebte Urlaubsandenken. Weitere Souvenirs sind kunstvolle Schnupftabakdosen und Holzschnitzereien.

Straßen

Die Bundesautobahn (BAB) *A 3* Frankfurt a. M.–Würzburg–Nürnberg –Regensburg–Passau mit weiterem Anschluß an Österreich und Südosteuropa ist im Bereich der Bundesrepublik Deutschland nunmehr durchgehend fertiggestellt.

Von der BAB *A 6* Nürnberg–Amberg–Pfreimd–Waidhaus (Grenze zur ČSSR) ist bisher der Abschnitt Nürnberg–Amberg (Ost) dem Verkehr übergeben (Anschluß an die BAB *A 93* durch die B 85).

Von der wichtigen Nord-Süd-Achse der Oberpfalz, der BAB *A 93* Hof – Weiden i. d. Opf. – Pfreimd – Schwandorf – Regensburg ist der Abschnitt Weiden i. d. Opf. – Pfreimd – Schwandorf – Regensburg fertiggestellt. Bis zum endgültigen Ausbau der Autobahnen dienen die *B 14* und *B 15* der überregionalen Erschließung der Oberpfalz.

Die *Ostmarkstraße* (B 22 bzw. B 85) von Bayreuth bis Passau erschließt die Fremdenverkehrsgebiete des Oberpfälzer Waldes und des Bayerischen Waldes. Wichtige Ost-West-Verbindungen sind die *B 14* (Waidhaus – Nürnberg), die *B 16* (Cham – Regensburg), die *B 20* (Furth i. Wald – Cham – Straubing), die *B 299* (Waldsassen – Neumarkt) und die *B 470* (Weiden – Auerbach), die bis auf Teilabschnitte gut ausgebaut sind und den Anschluß insbesondere der östlichen Oberpfalz an das Autobahnnetz herstellen.

Eisenbahnen

Die Oberpfalz durchlaufen mehrere *Hauptstrecken*. Die wichtigste Bahnlinie verläuft von Dortmund über Köln – Frankfurt – Würzburg – Nürnberg – Regensburg – Passau bis Wien. Diese Linie stellt den Anschluß der Oberpfalz an das Intercity-Netz her.

Eine weitere Hauptbahnstrecke ist die entlang der Naab führende Strecke Berlin (Rostock) – Hof – Weiden i. d. Opf. – Schwandorf – Regensburg – München. Weitere Hauptstrecken sind die Linien (Prag –)Furth i. Wald – Cham – Schwandorf – Amberg – Nürnberg, Weiden i. d. Opf. – Neukirchen b. Sulzbach-Rosenberg – Nürnberg, Marktredwitz – Neusorg – Kirchenlaibach.

Die Strecke Regensburg – Ingolstadt – Ulm führt entlang der Donau und verbindet die Oberpfalz mit den Räumen Ulm und Stuttgart.

Autobusverkehr

Die Oberpfalz ist durch ein dichtes Netz von Buslinien erschlossen, die Zubringer- und Ergänzungsfunktion für den Eisenbahnverkehr wahrnehmen. Des weiteren werden Busfahrten auch in abseits gelegene Ferienorte, zu Orten mit Sehenswürdigkeiten sowie nach Österreich und in die ČSSR (u.a. Prag) angeboten.

Schiffahrtslinien

Schiffahrtslinien bestehen zwischen Regensburg – Passau, Regensburg – Walhalla und Regensburg – Kelheim – Weltenburg.

Die Bundesbahn gibt für längere Strecken kombinierte Bahn- und Schiffskarten aus, so daß die Möglichkeit gegeben ist, wahlweise das Schiff oder die Bahn zu benutzen.

Eines regen Zuspruchs erfreuen sich ferner die *Strudelfahrten* in Regensburg.

**Regensburg

Oberpfalz

Regensburg

Regensburg (333 m; 125 000 Einwohner), die fünftgrößte Stadt Bayerns, ist kultureller und wirtschaftlicher Mittelpunkt Ostbayerns und die Hauptstadt des Regierungsbezirks Oberpfalz. Die Lage am nördlichsten Punkt der *Donau,* an den Mündungen von *Naab* und *Regen,* hat schon Goethe begeistert, als er in sein Tagebuch schrieb: „Regensburg liegt gar schön. Die Gegend mußte eine Stadt hierher locken".

Die Stadt ist von verschiedenartigen Landschaften umgeben, die Naturschönheiten und Kunstschätze in reichem Maße bieten. Im Nordosten reichen die Ausläufer des Bayerischen Waldes an die Stadt heran; westlich erheben sich die ersten felsigen Höhenzüge des Oberpfälzer Jura und im Süden grenzt die fruchtbare Ebene des Gäubodens an Regensburg.

Die Industrie (Chemie, Elektrotechnik, Nahrungsmittel, Maschinenbau und Textil) – überwiegend erst nach dem 2. Weltkrieg angesiedelt – hat sich am Rand der Stadt im Osten und Westen niedergelassen. Weitbekannt sind die Regensburger Wurstwaren: Bratwürste und Knacker.

Seit 1967 ist Regensburg Universitätsstadt. Seine Bedeutung als römische Festungs-, als Herzogs-, Königs- und Bischofsstadt, als europäische Handelsmetropole im frühen und hohen Mittelalter, als freie Reichsstadt und als Stätte zahlreicher Reichstage hat sich in einem großartigen Stadtbild niedergeschlagen. In den Kriegen weitgehend verschont, stellt es ein 2000 Jahre altes Denkmal abendländischer Kunst und Geschichte dar. Dieses Stadtbild durch behutsame Sanierung in seiner Eigenart zu bewahren und mit den heutigen Gegebenheiten einer Großstadt in Einklang zu bringen, hat Regensburg mit gutem Erfolg in die Wege geleitet.

GESCHICHTE

Die Besiedlung des Raumes geht bis in die Steinzeit zurück. Der keltische Name *Radaspona* hing an einigen Wohnplätzen des 2.–1. Jahrhunderts v. Chr. im Mündungsbereich von Naab und Regen. Um 80 n. Chr. folgte ein römisches Kastell. Nach dessen Zerstörung beim ersten großen Germaneneinfall errichtete Kaiser Marc Aurel 179 n. Chr. die Legionsfestung *Castra Regina* – das Lager am Regen.

Der Grabstein der Sarmaninna um 400 n. Chr. ist das älteste christliche Zeugnis der Stadt. Im 6. Jahrhundert werden erstmals die Bajuwaren erwähnt, ein aus einem romanisch-germanischen Bevölkerungsgemisch erwachsender Stamm. Aus dem Römerlager wird *Reganesburc,* der Sitz der Herzöge und damit Hauptstadt Bayerns. Der heilige Bonifatius gründete 739 das Bistum Regensburg.

Karl der Große machte mit der Absetzung Tassilos III. 788 der Herrschaft der Agilolfinger ein Ende. Regensburg wurde karolingische Königspfalz und von Ludwig dem Deutschen, der seit 826 in Regensburg regierte, bis zu Ludwig dem Kind (911) Mittelpunkt des ostfränkischen Reichs der Karolinger.

Vom 11. bis 14. Jahrhundert war die Blütezeit der Stadt, die 1245 freie Reichsstadt wurde. Bürgermeister und Rat konnten nun von den Bürgern selbst gewählt werden. Dank der Verkehrslage an großen europäischen Straßen und an der Donau blühte ein umfassender Fernhandel auf und brachte Reichtümer in die Stadt. Die Regensburger Kaufleute bauten nach italienischem Vorbild ihre Patrizierburgen mit Türmen bis zu zwölf Stockwerken. Zwanzig dieser Geschlechtertürme sind von einst 60 erhalten.

Gegen Ende des 14. Jahrhunderts setzte der wirtschaftliche Verfall als Folge der Kämpfe der Patrizierfamilien um die Vorherrschaft und der Verlegung der Fernhandelswege ein. Augsburg, Nürnberg und Wien überflügeln die bisherige Metropole. 1542 schloß sich die Reichsstadt der Reformation an. Nach dem Dreißigjährigen Krieg wurde Regensburg Sitz des *Immerwährenden Reichstags* (1663–1806), der der Stadt wirtschaftliche Vorteile und nach außen neuen Glanz brachte. Als Vertreter des Kaisers am Reichstag (Prinzipalkommissar) verlegte der Reichspostmeister Fürst von Thurn und Taxis 1748 seinen Sitz nach Regensburg.

1803 fiel die Stadt als geistliches Fürstentum an den Fürstprimas Carl von Dalberg, 1810 wurde sie Bayern eingegliedert, dessen Hauptstadt sie einst gewesen war.

SEHENSWÜRDIGKEITEN

Ausgangspunkt des Stadtrundgangs ist der *Alte Kornmarkt.* Einst Mittelpunkt des römischen Kastells, gewährt er einen Blick zum romanischen Niedermünster und über den Herzogshof zum gotischen Dom. Römisch, romanisch, gotisch – ein für Regensburg kennzeichnender Dreiklang.

Herzogshof [1]. Der heutige Bau stammt aus dem 12. bis 13. Jahrhundert. Er steht auf dem Grund der ehemaligen Agilolfingerresidenz und karolingischen Pfalz. Jetzt gehört er zum Dienstgebäude der Oberpostdirektion. Hinter den Fensterarkaden (um 1220) befindet sich der spätromanische *Herzogssaal* mit einer kostbaren gotischen Wappendecke. Er dient Kulturveranstaltungen und Tagungen. Ein Schwibbogen führt zum sogenannten *Römerturm,* der im Unterbau noch karolingisches Mauerwerk aufweist. An der Ostseite schließt die barocke Fassade der *Karmelitenkirche* den geschichtsträchtigen Platz ab. Im dazugehörigen Kloster wird seit über 250 Jahren der berühmte Regensburger „Karmelitergeist" nach einem alten Geheimrezept hergestellt und an der Pforte verkauft. Zum Herzogshof gehörte früher die

***Alte Kapelle** [2], die als eines der ältesten Gotteshäuser Bayerns gilt. Bereits 967 genannt, war sie schon Hofkapelle der Agilolfinger-Herzöge und dann karolingische Pfalzkapelle. 1002 wurde sie unter Kaiser Heinrich II., und nach Bränden im 12. Jahrhundert abermals erneuert. Die dreischiffige romanische Pfeilerbasilika mit einem Querschiff im Osten hat einen spätgotischen Chor (1462) und einen freistehenden romanischen Glockenturm, dessen karolingischer Unterbau aus mächtigen römischen Quadern besteht. Von 1747–1765 wurde die Kirche im Geist des Rokoko glanzvoll ausgestaltet. Den formenreichen Stuck schuf der Wessobrunner Meister Anton Landes, die Fresken – Szenen aus Leben und Legende des heiligen Kaiserpaars Heinrich und Kunigunde – Thomas Scheffler, die Chorfresken Gottfried B. Götz und den Hochaltar (1773) der Regensburger Bildhauer Simon Sorg. In der *Gnadenkapelle* befindet sich eine italienische Madonnenikone (13. Jh.). – Nördlich vom Alten Kornmarkt liegt das

Niedermünster [3], eine doppeltürmige Kirche des ehemals reichsunmittelbaren adeligen Damenstifts. Sie wurde nach einem Brand von 1152 als dreischiffige Pfeilerbasilika neuerbaut und im 17./18. Jahrhundert barockisiert. Im nördlichen Seitenschiff steht ein mittelalterlicher Baldachinaltar (um 1330) des heiligen Erhard. Bedeutende Plastiken sind: eine *„Schwarze Muttergottes" (frühes 13. Jh.) und die Bronzegruppe *„Magdalena trauert um den Gekreuzigten" (1630). Bei Grabungen im Innern der Kirche (1964–1968) stieß man auf wichtige Funde. Dabei wurden auch die Gräber des heiligen Erhard (700), Herzog Heinrichs I. (955) und seiner Gemahlin Judith entdeckt. Sieben Bauperioden, die mit dem römischen Legionslager (2. und 3. Jh.) beginnen und mit der von bayerischen Herzögen des 10. Jahrhunderts errichteten Basilika des adeligen Damenstifts enden, führen archäologisch durch das erste nachchristliche Jahrtausend Regensburgs (Führungen: Anmeldung unter Tel. 57796 und 5699112.

Östlich der Kirche in der *Erhardigasse* steht unter profanem Obergeschoß die *St. Erhards-Kapelle,* eine kryptenartige Hallenkapelle aus vorkarolingischer Zeit (um 750; Schlüssel im Kolpinghaus). Unmittelbar westlich von Niedermünster geht man über den *Domgarten* zum

***Domkreuzgang** [4], den ein Mortuarium, ein breiter Flur mit Grabsteinen aus fünf Jahrhunderten, in zwei Hälften teilt. Die Gewölbe des Kreuzgangs sind aus dem 15. Jahrhundert, die Fenster Frührenaissance. Die sich anschließende **Allerheiligenkapelle* ist ein stilreines hochromanisches Bauwerk, das um 1150 als Begräbniskapelle errichtet wurde und das die Wandbemalung aus der Erbauungszeit (Motive zum Allerheiligenfest) noch nahezu vollständig aufweist. An einen quadratischen Kernbau, über dem sich eine achteckige Kuppel wölbt, fügen sich drei halbrunde Apsiden an. Der Altartisch der *Stephanskapelle* (11. Jh.) an der Nordseite des Kreuzgangs war als ausgehöhlter Kalksteinblock zugleich Märtyrergrab. Domkreuzgang und Stephanskapelle sind nur im Rahmen einer Führung zugänglich. Im Domgarten befindet sich noch die Werkstatt der Dombauhütte. Die ehem. Dompfarrkirche

St. Ulrich [5] am Südrand des Domgartens wurde um 1230 errichtet. Der Innenraum ist mit einem Emporenumgang ausgestattet, das Mittelschiff trägt eine Flachdecke. Die Maßwerkrose in der Westfront hat ihr Vorbild in der Kathedrale von Laon. Die Kirche wird als *Diözesanmuseum* genutzt (geöffnet 1. 4.–31. 10. dienstags bis sonntags 10–17 Uhr). Der

****Dom St. Peter** [6] ist das Hauptwerk der Gotik in Bayern, nach dem Vorbild der großen französischen Kathedralen geschaffen. Auf hohem Terrassensockel erhebt sich die dreischiffige Pfeilerbasilika mit Chorhaus, drei Apsiden, östlichem Querschiff und zwei 105 m hohen Westtürmen. Der Dom ist 85 m lang, 34 m breit und 32 m hoch.

Schon in romanischer Zeit stand hier ein Dom, von dem noch ein Turm, der *Eselsturm* (A), an der Nordseite des Querschiffs erhalten ist. Um 1250 wurde mit dem Bau der gotischen Kathedrale begonnen. Bis 1325 waren die Ostteile einschließlich des Querhauses vollendet. Mitte des 14. Jahrhunderts entstand der Südturm, Ende des 14. Jahrhunderts der Nordturm. Im 15. Jahrhundert wurde die Westfassade errichtet. 1525 war der Dom bis zum Ansatz der Turmhelme vollendet. Diese wurden erst 1859–69 aufgesetzt. Ursprünglich aus Kalksandstein, dann aus Grünsandstein erbaut, verwitterten die Turmhelme so sehr, daß sie ab 1950 erneuert werden mußten. Seither werden laufend Sanierungsarbeiten am Dom vorgenommen. Vier Baumeister aus der Familie Roritzer prägten entscheidend den Kirchenbau. Der letzte, Wolfgang, endete als Rädelsführer eines Aufstandes 1514 auf dem Schafott.

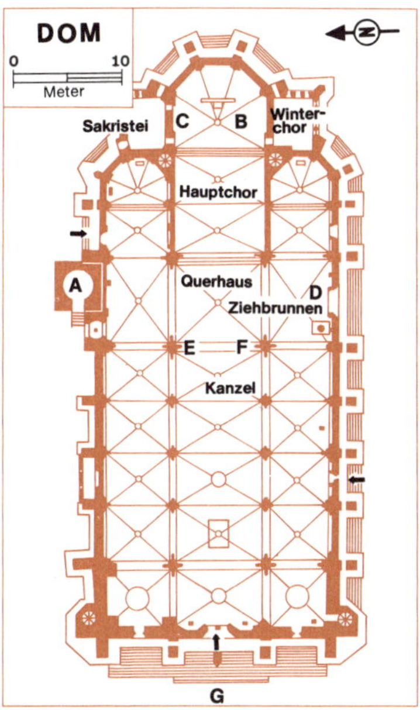

Steinerne Brücke mit Dom

Das Dominnere ist hochstrebend und weiträumig zugleich. Die wertvollen farbenprächtigen **Glasgemälde* stammen überwiegend aus dem 14. Jahrhundert. Der *Hochaltar* (B) ist eine frühklassizistische Arbeit (1785) aus Silber und vergoldetem Kupfer, die fünf Seitenaltäre sind Ziborienaltäre mit Figurenschmuck. Das 15 m hohe *Sakramentshäuschen* (C) von 1493 und der *Ziehbrunnen* (D) von 1501 am Südportal sind Meisterwerke von Wolfgang Roritzer. Unter den zahlreichen Plastiken ist die **Verkündigungsgruppe* (um 1280) an den westlichen Vierungspfeilern der künstlerische Höhepunkt: *Maria* (E) mit verhaltenem Ausdruck und der Engel (F) mit dem strahlenden Lächeln (Engel von Regensburg). Ihr Schöpfer ist der Erminoldmeister, ein Bildhauer unbekannten Namens, der das Grabmal des Abtes Erminold in der Klosterkirche Prüfening (s. S. 23) schuf. Die in den Nischen der Westwand kauernden Figuren gelten im Volksmund als der Teufel und seine Großmutter. Im Mittelschiff befindet sich das Hochgrab des Kardinals *Philipp Wilhelm von Bayern,* an der Westwand das Bronze-Epitaph der *Margarete Tucher* von Peter Vischer aus Nürnberg (1517) und im Vorraum des nördlichen Querschiffportals, etwas versteckt, das Grabdenkmal des Fürstprimas *Carl von Dalberg* (gest. 1817).

Das Äußere des Doms ist in eine Vielzahl von Maßwerken und Strebepfeilern gegliedert. Das spätgotische *Westportal* (G) mit einer dreieckigen Vorhalle, dem Triangel (1410), über der Freitreppe weist reichen Figurenschmuck auf: St. Petrus von Aposteln umgeben, Maria und Darstellungen aus dem Marienleben.

Führungen durch den Regensburger Dom finden statt: 15.5.–30.9. werktags 10, 11 und 14 Uhr, sonntags 11.45 und 14 Uhr; 1.10.–31.3. werktags 11 Uhr, sonntags 11.45 Uhr; 1.4.–14.5. werktags 11 und 14 Uhr, sonntags 11.45 und 14 Uhr.

Vom Dom aus gelangt man durch den Nordausgang ins *Domschatzmuseum,* einer wertvollen Sammlung liturgischer Geräte und Gewänder aus fast einem Jahrtausend (geöffnet 1. 4.–31. 10. dienstags bis samstags 10–17 Uhr, sonntags 11.30–17 Uhr; 1.12.–31.3. freitags und samstags 10–16, sonntags 11.30–16 Uhr; Nov. geschl.).

Das **Haus an der Heuport,* gegenüber der Westfassade des Doms, eine Vierflügelanlage aus dem 14. Jahrhundert mit einem weiträumigen Innenhof und dem gewölbten offenen Treppenhaus, gibt einen Begriff vom Reichtum der Regensburger Handelsherren im Mittelalter.

Durch den *Bischofshof,* einst bischöfliche Residenz (jetzt Hotel), gelangt man zur

***Porta Praetoria** [7], dem Nordtor des 179 n. Chr. vollendeten *Castra Regina* (s. S. 10). Es ist der einzige erhaltene Hochbau aus der Römerzeit in Bayern. Man geht die Straße *Unter den Schwibbögen* westlich weiter, biegt dann rechts in die *Weiße-Hahnen-Gasse* ab und kommt zur vielbesuchten „Historischen Wurstküche“, die an die Reste der alten Stadtmauer aus dem 14. Jahrhundert angebaut ist. Schön ist der Blick auf die

***Steinerne Brücke** [8]. Erbaut von 1135–1146, überspannt sie mit 16 Bogen die Donau (Gesamtlänge 310 m). Sie gilt als Meisterwerk mittelalterlicher Ingenieurkunst und als Symbol der einstigen Vorrangstellung Regensburgs als Handelsmetropole Süddeutschlands. Ein Blick von der Brückenmitte in Höhe des sagenumwobenen Brückmännchens läßt das einzigartige alte Stadtbild genießen: vorn das *Brücktor* aus dem 14. Jahrhundert mit alten Figuren, daneben der mächtige *Salzstadel.* Unterhalb der Steinernen Brücke das *Schiffahrtsmuseum* auf einem ehemaligen Raddampfer.

Jenseits der Steinernen Brücke liegt der Stadtteil „Stadtamhof“ mit der barocken Pfarrkirche *St. Magn.*

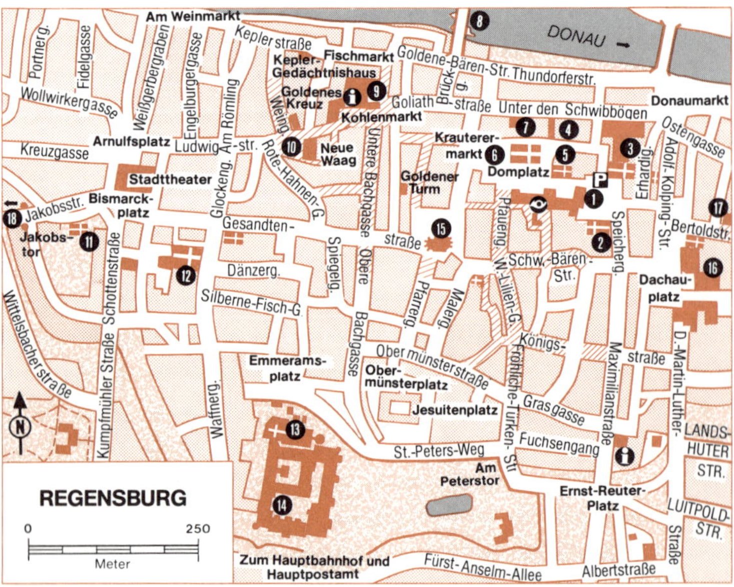

Der Weg führt über die Brücke zurück und durch die *Brückgasse* in die *Goliathstraße* mit dem zinnenbekrönten *Goliathhaus,* das ein Riesenfresko ,,David im Kampf mit Goliath" (1573) zeigt. Man folgt der Straße nach rechts, vorbei am siebengeschossigen **Baumburgerturm,* dem kunstgeschichtlich bedeutendsten aller Regensburger Geschlechtertürme, und kommt zum *Kohlenmarkt.* Ein Abstecher in die *Wahlenstraße* zeigt uns den zehnstöckigen, 42 m hohen *Goldenen Turm.* Vom Kohlenmarkt aus fällt der Blick auf den schönsten Profanbau der Stadt, das

***Alte Rathaus** [9], eine Gruppe von Bauten aus mehreren Jahrhunderten. Am bedeutendsten ist der Reichssaalbau, um 1360 errichtet und 1408 nach einem Brand erneuert, mit gotischer Fassade, zierlichem Erker und Spitzbogenportal, über dem das Stadtwappen und die originellen Halbfiguren ,,Schutz und Trutz" zu erkennen sind. An der linken Portalseite sind seit dem 15. Jahrhundert die alten Stadtmaße (Schuch, Elle, Klafter) eingelassen.

Im ****Reichssaal,* ursprünglich Tanz- und Festsaal des Rates, tagte 143 Jahre lang der ,,Immerwährende Reichstag" (1663–1806). Unter dem Thronbaldachin saß der Kaiser; Kurfürsten, Fürsten und Vertreter der Reichsstädte waren in genauer Sitzordnung gruppiert, die heute noch zu sehen ist. Der Saal wird von einer großartigen, freitragenden Holzdecke (1408) überspannt und ist mit Wandmalereien (Melchior Bocksberger, 1564) sowie mit Wirkteppichen (um 1550) ausgestattet.

Sehenswert sind auch die *Beratungszimmer* der Kurfürsten, des Fürsten- und des Reichsstädtischen Kollegiums. Im Keller ist die *Fragstatt* unverändert erhalten geblieben, mit Folterinstrumenten, dem vergitterten Platz des Richters, Block- und Lochgefängnissen und Armesünderstübchen. Das Alte Rathaus ist heute *Reichstagsmuseum* (Führungen werktags 9.30–16 Uhr, sonntags 10, 11 und 12 Uhr).

Vom Alten Rathaus geht man durch den Torbogen nach Norden über den ,,Roten Herzfleck" in die *Keplerstraße* zum *Runtingerhaus,* einem der größten und besterhaltenen Patrizierhäuser aus der Mitte des 13. Jahrhunderts, ehemals im Besitz der reichsten Regensburger Kaufleute des Mittelalters, der Runtinger. Daneben das **Kepler-Gedächtnishaus,* ein im Zustand von 1540 erhaltener spätgotischer Bau. Das Sterbehaus des großen Astronomen (der 1630 vergeblich wegen Lohnforderungen an drei Kaiser beim Reichstag vorstellig wurde und hier völlig verarmt starb) zeigt als Museum einen Überblick über dessen wissenschaftliches Wirken (bis zum 30. Juni 1989 ist die Erinnerungsstätte wegen Baumaßnahmen geschlossen).

Schottenportal St. Jakob

Durch die *Zandtengasse* und die schmale *Weingasse* gelangt man zum

Haidplatz [10], der vom *Haus zum Goldenen Kreuz* mit seinem Zinnenturm beherrscht wird. Vom 16.–19. Jahrhundert war es die berühmteste Herberge der Stadt. Hier stieg Kaiser Karl V. ab und begegnete der Bürgertochter Barbara Blomberg (1546). Ein Relief am Turm erinnert an den aus dieser Verbindung stammenden Sohn Don Juan d'Austria (1547–78), den Sieger der Seeschlacht von Lepanto. Daneben steht das *Thon-Dittmer-Haus,* ursprünglich Patrizierburg, 1809 von d'Herigoyen mit klassizistischer Fassade gestaltet. Schräg gegenüber erhebt sich die *Neue Waag,* ein gotisches Turmhaus (13. Jh.) mit Arkadenhof von 1575. In diesem Haus, erst als Stadtwaage, dann als Herrentrinkstube verwendet, fand 1541 das berühmte Religionsgespräch zwischen Melanchthon und dem Luther-Gegner Dr. Eck statt.

Über die *Ludwigsstraße* und den *Arnulfsplatz* nach Westen gelangt man zur

***Schottenkirche St. Jakob** [11], einer dreischiffigen Säulenbasilika mit drei Apsiden, Osttürmen, Westquerhaus und Empore. Dieser bedeutendste hochromanische Bau in Süddeutschland wurde durch irische Benediktinermönche, die man Schotten nannte, im 12. Jahrhundert errichtet. Kunstgeschichtlich einzigartig ist das dreiteilige **Nordportal der Kirche, ein Rätselbilderwerk in Stein, mit göttlichen, menschlichen, dämonischen und tierischen Gestalten, Zeichen und Zierat, dessen Sinngehalt manche Deutungsversuche erfahren hat. Man kann als Grundgedanken die Darstellung der Christusworte annehmen: „Himmel und Erde werden vergehen, aber meine Worte werden nicht vergehen." Die Kirchenpforte wird zur Himmelspforte, über der der lehrende Christus mit den Aposteln thront. Der Mensch wird auf seinem Weg zur Ewigkeit von Lastern und Dämonen bedroht, aber von göttlichen Kräften geleitet. An der Innenwand erblickt man den Pförtner Rydan, der das Haus Gottes schließt. Bemerkenswert sind die ideenreich skulptierten Kapitelle der Säulen mit lombardisch-normannischem Einfluß, die Kreuzigungsgruppe um 1180 mit Christus als Sieger, eine der ältesten ihrer Art in Deutschland, und im Westquerhaus das Grabmal von Ninian Vinzet, dem Beichtvater Maria Stuarts, der 1577–92 Abt des Klosters war.

Von der Schottenkirche geht man ostwärts zum *Bismarckplatz* mit dem *Stadttheater* und dem ehemaligen französischen Gesandschafts- und späteren *Präsidialgebäude* (jetzt Polizeipräsidium), einem klassizistischen Bau des Dalbergschen Hofarchitekten d'Herigoyen (1805), und kommt dann zur

***Dominikanerkirche** [12]. Von 1245–1300 als langgestreckte gewölbte Pfeilerbasilika ohne Querschiff und ohne Türme errichtet, gilt sie als der bedeutendste frühgotische Bau der Bettelorden in Deutschland. Die Westfassade schmückt ein mächtiges, sechsteiliges Fenster. Im Bogenfeld des Westportals steht in einer Nische die Steinfigur des Ordensgründers St. Dominikus (um 1430). Im Innern sind bemerkenswert das Chorgestühl aus dem 15. Jahrhundert, im südlichen Seitenschiff die Wandmalereien des 14.–15. Jahrhunderts sowie am Chorbogen links eine Schutzmantelmadonna um 1500. Von 1236–1240 wirkte Albertus Magnus im Dominikanerkloster (an ihn erinnert die *Albertus-Magnus-Kapelle*), von 1260–1262 war er Bischof von Regensburg.

Über *Beraiterweg, Ägidienplatz* und *Marschallstraße* kommt man zum Kloster

***St. Emmeram** [13]. Das ehemalige Benediktinerkloster entstand im 8. Jahrhundert über dem Grab des heiligen Märtyrers Emmeram und war von 1326 bis zu seiner Aufhebung 1803 reichsunmittelbar. Im Mittelalter war es eine bedeutende Kulturstätte und Ausgangspunkt für die Kolonisation Ostbayerns und Böhmens.

Ein zweigeschossiges, frühgotisches Doppelportal (um 1250) führt in den *Vorhof.* Rechts an der Mauer das Epitaph des bayerischen Geschichtsschreibers *Johann Thurmair,* genannt *Aventinus* (1477–1534), weiter südlich eine Kreuzigungsgruppe (von 1513), links der freistehende *Glockenturm* (1579) mit spätbarockem Laternenhelm (1732). Die romanische *Vorhalle* (um 1170) schmückt ein Doppelportal mit bemalten Relieffiguren (um 1050) des thronenden Christus und der Heiligen Emmeram und Dionysius, die zu den ältesten deutschen Plastiken gehören. Links die spätgotische *St. Rupertuskirche,* ehemals Pfarrkirche des Klosters.

Die linke Tür des Doppelportals führt in das Langhaus, die rechte in den Westbau der Hauptkirche *St. Emmeram.* Die Kirche, im Kern angeblich ein vorkarolingischer Bau, der im 11. und 12. Jahrhundert umgebaut wurde, ist eine dreischiffige Pfeilerbasilika mit drei Ostapsiden und westlichem Querhaus. Unter der Hauptapsis befindet sich die ringförmige *Emmeramskrypta* (um 740), durch einen Gang verbunden mit dem 980 geweihten, 1775 umgestalteten Hallenbau der *Ramwoldkrypta* mit dem steinernen Sarkophag des Abtes Ramwold (gestorben 1001); unter dem westlichen Querhaus mit Dionysiuschor und gemalter Kassettendecke (1642) die fünfschiffige **Wolfgangskrypta* mit Reliquienschrein des Heiligen (um 1050). Die Innenausstattung des Langhauses im Rokokostil wurde 1731–1733 von den Brüdern Asam ausgeführt. Unter den vielen Grabmälern von hohem Kunstwert an der Wand des nördlichen Seitenschiffs der *Grabstein der Königin Hemma (um 1280), der Gemahlin Ludwigs des Deutschen, im Nebenchor die Hochgräber der bayerischen Herzöge Heinrich des Zänkers (gestorben 995) und Arnulf (gestorben 937) und die Grabplatte der seligen Aurelia (um 1330).

Der in Deutschland einzigartige **Kreuzgang* von St. Emmeram mit dem frühgotischen Portal zeigt die Entwicklung der Gotik von ca. 1230 bis zum 14. Jahrhundert. Seine Besichtigung ist nur im Rahmen einer Führung durch das

Schloß der Fürsten von Thurn und Taxis [14] möglich, die 1812 das ehemalige Kloster in Besitz genommen haben. Der

Ostflügel behielt seinen barocken Charakter. Der Südflügel wurde 1889 durch einen Neubau im Neurenaissancestil ersetzt. Er enthält eine sehenswerte Ausstattung und reiche Kunstschätze. Der Kuppelsaal der *Hofbibliothek* (190 000 Bände, Handschriften, Inkunabeln) weist Asamfresken von 1737 auf. In der klassizistischen Reitschule befindet sich das *Marstallmuseum* (Kutschen, Schlitten). Führungen montags bis freitags 14, 14.40 und 15.15 Uhr, sonntags 10, 10.30 und 11.15 Uhr.

Nordöstlich vom Emmeramsplatz kommt man über die *Obere Bachgasse* und die *Gesandtenstraße* zum

Neupfarrplatz [15], der 1519 an der Stelle des mittelalterlichen Gettos angelegt worden ist. In der Mitte des Platzes steht die doppeltürmige *Neupfarrkirche,* von 1519–1540 als „Wallfahrtskirche zur schönen Maria" in frühen Renaissanceformen erbaut und seit 1542 evangelisch.

Südöstlich, am *Kassiansplatz,* erhebt sich die bereits 885 erwähnte Kirche *St. Kassian,* Regensburgs älteste Bürgerkirche, im Kern noch karolingisch. Die dreischiffige romanische Basilika mit spätgotischem Chor erhielt 1749–1760 ihre reiche Rokokoausstattung von denselben Meistern wie die Alte Kapelle (s. S. 18): Die Fresken und der Hochaltar sind von J. B. Götz, der Stuck von Anton Landes. Die „Schöne Maria" des Seitenaltars schuf Hans Leinberger (1520).

Ostwärts über die *Schwarze-Bären-Straße* und die *Drei-Kronen-Gasse* gelangt man am *Dachauplatz* zum

***Städtischen Museum** [16] im 1250–1270 erbauten ehemaligen Minoritenkloster. Seine Sammlungen veranschaulichen in über 100 Räumen die Geschichte, Kultur und Kunst der Stadt und Ostbayerns von der Altsteinzeit bis zur Gegenwart. Steinbildwerke von der Römerzeit bis zur Gotik birgt der *Kreuzgang,* der einen malerischen Innenhof umgibt. In der *Minoritenkirche* (Langhaus um 1260, Chor um 1330) sind sehenswert gotische und Renaissancegrabdenkmäler sowie Reste von Wandmalereien des 14.–16. Jahrhunderts (Geöffnet dienstags bis samstags 10–16, sonntags 10–13 Uhr; am 1. Sonntag im Monat freier Eintritt).

Daneben, in der *Bertholdstraße,* sind im *Leeren Beutel* [17], einem siebengeschossigem ehemaligen Getreidespeicher, eine *städtische Galerie* mit ständigen Wechselausstellungen moderner Kunst und eine *Zweiggalerie der Bayerischen Staatsgemäldesammlungen* mit deutscher Malerei des 19. Jahrhunderts untergebracht (Öffnungszeiten wie Museum).

Im *Stadtpark* liegt die *Ostdeutsche Galerie* [18], die Werke bildender Künstler aus den ehemaligen deutschen Ostgebieten und Mitteldeutschland beherbergt (geöffnet: dienstags bis samstags 10–16, sonntags 10–13 Uhr).

PRAKTISCHE HINWEISE

Inf.: Kultur- und Fremdenverkehrsamt, im Alten Rathaus, Tel. (09 41) 5 07 21 41. Dieses veranstaltet auch Stadtführungen und gibt ein Monatsprogramm für „Tourist Information" heraus.

An den Strecken Frankfurt–Wien, Hof–München, Ulm.

Nach allen Richtungen.

Regensburg–Passau, zur Walhalla, Strudel- und Schleusenfahrten.

„Avia", „Maximilian", „Bischofshof", „Am Sportpark", „Ramada".

„Kaiserhof", „Karmeliten", „Krieger" (Mariaort), „Held" (Irl), „Münchner Hof", „St. Georg", „Weidenhof", „Casino-Hotel", „Apollo 11", „Altstadthotel Arch", „Ibis". – – – , .

AUSFLÜGE

1. Prüfening. Am Westrand der Stadt steht das 1109 von Bischof Otto I. von Bamberg gestiftete *Benediktinerkloster Prüfening.* Die dreischiffige frühromanische *Klosterkirche St. Georg mit östlichem Querhaus und drei Apsiden wurde nach der Hirsauer Reformbewegung um 1130 vollendet. Im Innern (Ostteil) Wandmalereien um 1150 und das Hochgrab des Abtes Erminold, ein Meisterwerk der Frühgotik (1283).

2. Kartause Prüll. Südlich der Altstadt liegt das 997 von Benediktinern gegründete Kloster, das 1484 Kartäusermönche übernahmen. Die romanische Kirche (1105–1110) ist der älteste Hallenbau in Bayern; spätgotischer Vieleckchor.

3. *Schloß Alteglofsheim. Über *Köfering* (12 km) mit ehemaligem Wasserschloß des 18. Jahrhunderts erreicht man *Alteglofsheim* (14 km), dessen Schloß aus dem 17.–18. Jahrhundert stammt. Bekannte Künstler wie J. B. Zimmermann und François Cuvilliés schufen die Ausstattung. Der um 1730 von C. D. Asam geschaffene Ovalsaal mit dem Deckenfresko „Der Tag" gehört zu den großartigsten Schöpfungen des bayerischen Rokoko. Das Schloß ist im Besitz der Universität Regensburg und wird restauriert.

Amberg (373 m; 46 000 Einwohner), kreisfreie Stadt zwischen den Ausläufern des Oberpfälzer Jura und den Randhöhen der Naabsenke im Herzen der Oberpfalz gelegen, ist eine historisch bedeutende und industriell rege Stadt. Der mittelalterliche Stadtkern, von der Vils geteilt, ist zum größten Teil von einer Ringmauer mit Wehrgang, Wall und Graben umgeben. In der industriellen Struktur dominiert die Gießerei-, Glas-, Maschinenbau- und Elektroindustrie.

GESCHICHTE

Als *Villa Ammenberg* 1034 erstmals urkundlich genannt und 1242 zur Stadt erhoben, verdankte Amberg seine wirtschaftliche Stärke und Bedeutung schon in früher Zeit seinen Erzgruben, Hüttenwerken und Eisenhämmern und seiner günstigen Lage an der schiffbaren Vils. Bereits 1387 schlossen sich 68 Hammerwerksbesitzer mit den Städten Amberg und Sulzbach zur *Hammereinigung* zusammen und trafen Vereinbarungen über Herstellung, Absatz, Zahlungsbedingungen, Arbeitszeit und Lohn. Dadurch erhielt Amberg eine Schlüsselstellung im süddeutschen Eisenhandel. Schon im 14. Jahrhundert wurden starke Befestigungsanlagen errichtet. Zu Recht rühmte der Amberger Bürgermeister Michael Schwaiger in seiner Chronik von 1564: „München ist die schönst', Leipzig die reichst', Amberg die festest' Fürstenstadt."

1329 kam Amberg bei der Teilung Bayerns im Hausvertrag von Pavia an die pfälzische Linie der Wittelsbacher in Heidelberg. Die Stadt wurde *kurpfälzische Residenz* und damit Hauptstadt der „Oberen Pfalz". 1538 bekannte sie sich als erste Stadt der Oberpfalz zur Reformation. In der Folgezeit waren ihre Bürger fünfmal gezwungen, ihren Glauben zu wechseln.

Im Dreißigjährigen Krieg fiel Amberg 1628 als Kriegsentschädigung an *Kurfürst Maximilian I. von Bayern,* der die Stadt rekatholisierte. Obwohl Amberg im Dreißigjährigen Krieg allen Stürmen standhielt, wurde es doch von diesem Krieg sowie dem Spanischen und dem Österreichischen Erbfolgekrieg (1703 und 1745) und einer verheerenden Pest (1634) schwer gezeichnet und sank in seiner Bedeutung ab. 1810 wurde der Sitz der Regierung nach Regensburg verlegt. Amberg blieb nur noch „die heimliche Hauptstadt der Oberpfalz". Erst Ende des 19. Jahrhunderts begann mit der Errichtung der *Luitpoldhütte* ein neuer wirtschaftlicher Aufstieg.

SEHENSWÜRDIGKEITEN

Man beginnt den Rundgang am *Marktplatz* mit seinen Bürgerhäusern aus vier Jahrhunderten, dessen Mittelpunkt das

Rathaus [1] ist. Der reichgegliederte Giebel der Westfassade mit Blendnischen, gotischen Maßwerkfenstern und Haubentürmchen gehört zum im 14. Jahrhundert erbauten Teil. Die großen Spitzbogenfenster sind neugotisch (1880). Die Renaissance-Balustrade mit vorgeschobener Wendeltreppe und die offenen Arkaden stammen aus dem 16. Jahrhundert. Im Innern sind sehenswert der große Ratssaal mit rautenförmig kassettierter Holzdecke (16. Jh.) und das gotische Zimmer mit Kreuzgewölbe. In einem Anbau von 1572 befindet sich der kleine Ratssaal im Renaissancestil ebenfalls mit kassettierter Holzdecke und Wandvertäfelung. An der Südseite des Marktplatzes erhebt sich

***St. Martin** [2], nach dem Regensburger Dom der bedeutendste gotische Kirchenbau der Oberpfalz. Er beeindruckt durch seine Geschlossenheit. Seit 1421 arbeitete man an der lichten dreischiffigen Hallenkirche, 1483 schlossen sich die Gewölbe, 1584 wurde der 92 m hohe Turm vollendet, der um 1720 sein heutiges Ausse-

Blick auf St. Martin

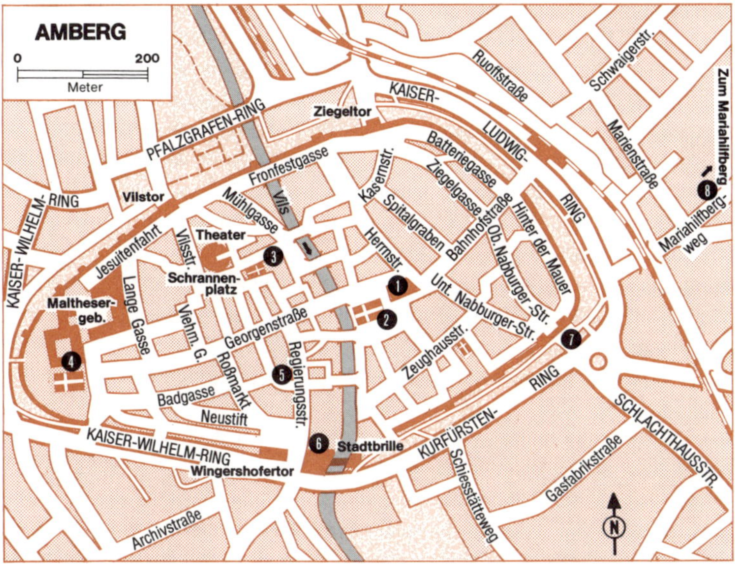

hen erhielt. Eine gotische Verkündigungsgruppe steht an der Nordwand, an der Südwand eine Rotmarmorplatte mit dem Relief des Martin Merz (gestorben 1501), des berühmtesten Büchsen- und Kanonenmeisters seiner Zeit. Das Kircheninnere ist gotisch geblieben. Schlanke Rundpfeiler tragen das Rippengewölbe. Die umlaufende Empore, einst wohl Platz verdienter Bürger, ist eine Besonderheit der Kirche. Sie gilt als Vorbild der 100 Jahre jüngeren „obersächsischen Bergmannsgotik". Wertvolle Ausstattungsstücke: das Altarbild „Kreuzauffindung durch die hl. Helena" von Jan Polack, Tafelbilder des Rubensschülers Caspar de Crayer, ein bronzenes Taufbecken (1417) und – hinter dem Hochaltar – das reliefgeschmückte Hochgrab des Pfalzgrafen Rupert Pipan (um 1400).

Auf der *Krambrücke* überquert man die Vils und kommt über die *Georgenstraße* und die *Obere Apothekengasse* zur

***Deutschen Schulkirche** [3], die Ende des 17. Jahrhunderts von Wolfgang Dientzenhofer errichtet und 1738 erweitert wurde. Prächtig ist das Portal mit Giebelfiguren der Heiligen Augustinus und Franz von Sales. *Rokokoausstattung; die Fresken von Gottfried Bernhard Götz am Langhausgewölbe zeigen Szenen aus der Gründungsgeschichte des Salesianerinnenordens; großartige, als Muschel geformte Orgelempore.

Über den nahen *Schrannenplatz* mit der ehemaligen Franziskanerkirche, in der sich das 1978 hervorragend renovierte *Stadttheater* befindet, die *Viehmarktgasse* und die *Georgenstraße* geht man zum *Malteserplatz* mit der Kirche

***St. Georg** [4], der ältesten Pfarrkirche Ambergs, erstmals 1094 genannt, durch Brand zerstört und 1359 neu errichtet. Das wehrhaft wirkende Äußere zeigt die Formen einer gotischen Basilika mit langgestrecktem Chor und mächtigem Westturm. Prächtige Stukkaturen der Wessobrunner Schule (Johann Baptist Zimmermann, 1718–1723) und Fresken mit Szenen aus der St. Georgslegende vom Asamschüler Josef Adam Müller (1722) überdecken die ursprüngliche Architektur. An der Hochschiffwand über den Arkaden stehen Relieffiguren der zwölf Apostel. Das geschnitzte Chorgestühl, der üppige Akanthusschmuck an der Kanzel, das elegante Rokokogehäuse der Orgel (1767), der Hochaltar mit dem Bild des heiligen Georg von Johann Nepomuk Schöpf (1766) – das alles fügt sich harmonisch zusammen.

Der Kirche vorgelagert ist das *Maltesergebäude* (ehemaliges Jesuitenkolleg) von Georg Dientzenhofer und Wolfgang Hirschstetter (1665–1689). Künstlerisch bedeutsam sind die Kassettendecke im Kongregationssaal (1678) und der barocke Bibliothekssaal.

Zurück in die Altstadt, wo sich an der *Regierungsstraße* das heutige Landgericht befindet, das 1544–1547 als

Regierungskanzlei [5] unter Kurfürst Friedrich II. errichtet worden ist. Der auf zwei Säulen ruhende *Fronterker ist eines der kostbarsten Renaissancedenkmäler der Oberpfalz. An ihm befinden sich die Wappen des Kurfürsten und seiner Gemahlin Dorothea von Dänemark, darüber Reliefbildnisse des Herrscherpaares. Vilsabwärts gelangt man zum

Kurfürstlichen Schloß [6] mit hohem Volutengiebel (1603 errichtet). Nur der dreigeschossige Südflügel des Gebäudes blieb erhalten.

Weiter vorbei am *Wingershofer Tor,* dem kleinsten der Amberger Tore, einem Renaissancebau von 1580, dann nach links über die Vilsbrücke. Von dort bietet sich ein schöner Blick auf die *Stadtbrille,* zwei mächtige Bögen, über die ein Wehrgang das kurfürstliche Schloß mit dem kurfürstlichen Zeughaus (1476–1604) verbunden hat. Wir steigen hinab in den *Stadtgraben* und sehen vilsaufwärts die überdachte Schiffbrücke, hinter der sich am westlichen Vilsufer das *Alte Pfalzgrafenschloß* (frühes 14. Jh.) mit dem gotischen Bauteil Klösterl (ab 1988 Zweigmuseum der prähistorischen Staatssammlung) und der alten Veste befindet.

Über die *Zeughaus-* und die *Untere Nabburger Straße* gelangt man zum

Nabburger Tor [7], dem eindrucksvollsten der Amberger Stadttore, das von zwei Halbrundtürmen mit polygonalen Obergeschossen (1587) flankiert wird.

Östlich der Altstadt führt der *Mariahilfbergweg* (Fußweg ½ Stunde) zur

***Wallfahrtskirche Maria Hilf** [8]. Die Wallfahrt geht auf ein Gelübde der Amberger im Pest- und Kriegsjahr 1634 zurück. Dem Ansehen der Gnadenstätte entspricht der künstlerische Rang der barocken Kirche. Der Bau wurde 1697 bis 1701 nach Plänen von Wolfgang Dientzenhofer vom Amberger Hofmaurermeister Georg Peimbl errichtet. Die üppige Stukkierung stammt von Johann Baptist Carlone. Sein Schüler Paul d'Aglio schuf die großen Propheten- und Heiligenfiguren und den Hochaltar. Alle Fresken im Chor, im Hauptschiff und in den Seitenkapellen malte 1717 Cosmas Damian Asam. Die fünf Hauptgemälde schildern die Geschichte der Wallfahrt.

PRAKTISCHE HINWEISE

Inf.: Fremdenverkehrsamt Raseliushaus, Zeughausstr. 1a, Tel. (0 96 21) 1 02 33.
Nürnberg.
Nach allen Richtungen.
„Brunner", „Fleischmann", „Drahthammer Schlößl", „Altstadt-Hotel".
„Gall", „SVG-Hotel", „Goldenes Lamm", „Goldene Krone". – .

Ausflüge: siehe Routen 3 und 4.

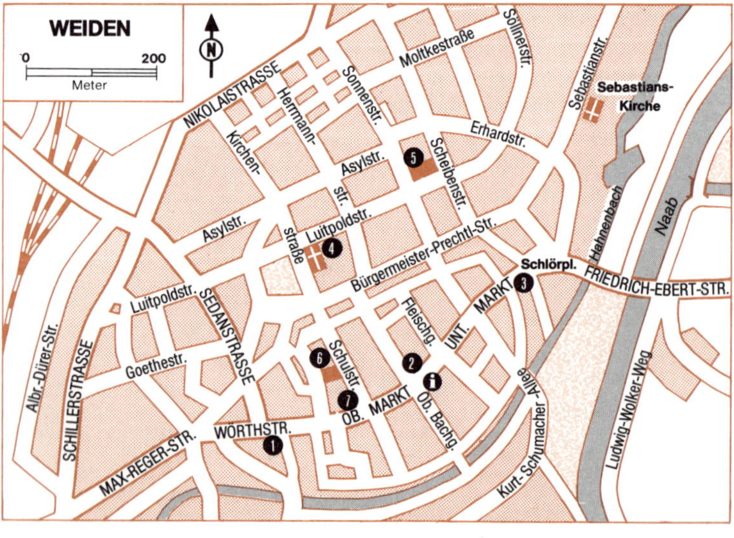

*Weiden in der Oberpfalz

Weiden (396 m; 43 000 Einw.; kreisfreie Stadt), in einer weiten Ausbuchtung des Naabtales mitten im Landkreis Neustadt an der Waldnaab gelegen, ist wirtschaftlicher und kultureller Mittelpunkt der nördlichen Oberpfalz und Eingangstor zum Oberpfälzer Wald. Kennzeichnend für die Entwicklung der Stadt ist der Gegensatz zwischen der kleinen jahrhundertealten Innenstadt und den seit 1900 um sie herum entstandenen Wohnvierteln, Grünflächen und Industrieanlagen. Die Porzellan-, Glas-, Textil- und Kunststoffindustrie sowie ein Textilversandhaus und ein modernes Eisenbahnwaggonwerk prägen die wirtschaftliche Struktur der Stadt, die auch über ein breitgefächertes kulturelles Angebot verfügt. Als *Max-Reger-Stadt* pflegt Weiden das Andenken an den bedeutenden Komponisten. Max Reger verbrachte hier seine Jugendjahre und erlebte ab 1896 in der Stadt seine erste bedeutende Schaffensperiode (s. S. 13).

GESCHICHTE

Erstmals urkundlich erwähnt im Jahre 1241, zeigt Weiden den regelmäßigen Grundriß bayerischer Städtegründungen jener Zeit: ein breiter Straßenmarkt, in dessen Mitte sich das Rathaus erhebt. Damals gehörte der Ort zu Bayern, fiel später an die Habsburger und wurde in der Folgezeit mehrfach an Bayern, Böhmen, Leuchtenberg, Nürnberg und Sachsen verpfändet. Mitte des 13. Jahrhunderts erhielt Weiden Stadtrecht. Im 14. Jahrhundert galt die Stadt bereits als blühendes Wirtschaftszentrum an der „Goldenen Straße" nach Prag. Verheerende Brände (1536 und 1540), große Zerstörungen im Dreißigjährigen Krieg, in dem die Stadt Schwerpunkt militärischer Operationen war, und die Pest führten zu einem wirtschaftlichen Niedergang. 1777 fiel Weiden wieder an Bayern. Der Anschluß an das Eisenbahnnetz (1863) brachte die Grundlage für einen neuen wirtschaftlichen Aufschwung und führte zur Ansiedlung der Glas- und Porzellanindustrie.

SEHENSWÜRDIGKEITEN

Man beginnt den Rundgang am

Oberen Tor [1], einem Torhaus, das erst im Jahre 1911 an der Stelle des bisherigen echten Stadttores errichtet wurde. Hier war einst der stärkste Teil der Stadtbefestigung. Der Torbogen gibt den Blick auf das

Alte Rathaus [2] frei, das in der Mitte des *Marktplatzes steht, den es in einen „Oberen" und „Unteren Markt" teilt. Es wurde 1539–1545 im Renaissancestil errichtet. Baumeister war der Weidener

Altes Rathaus

Steinmetzmeister Hans Nopl. Der kleine Giebelvorbau, in dessen Giebelfeld die Wappen der sieben Regierungsbezirke Bayerns angebracht sind, und die Freitreppe wurden erst 1915 angefügt. Über dem Treppenabsatz vor dem Eingang steht ein neugotisches Laternenmännchen mit dem Zeichen des Baumeisters; darüber das Stadtwappen mit der Weide. Am Gewände des Portals sieht man links die Waage als Symbol der Rechtsprechung, rechts eine Münzen zahlende Hand als Symbol des Steuerzahlers. Das Mosaik im Hauptgiebel erinnert an die erste Beurkundung von Weiden durch König Konrad IV. im Jahre 1241. Den Westgiebel schmückt der achteckige Rathausturm mit dem typischen Renaissance-Kuppeldach. Unten am Turm sind die mittelalterlichen Stadtmaße, Schuh und Doppelelle, angebracht.

Hinter dem Rathaus öffnet sich der *Untere Markt* mit seinen stolzen Bürgerhäusern des 16. bis 18. Jahrhunderts und deren mannigfaltig geschmückten Giebelfassaden. Wie auch am *Oberen Markt* geben sie Zeugnis von bürgerlicher Wohlhabenheit. Mit dem

Unteren Tor [3], dessen Kragstein über dem Torbogen aus spätromanischer Zeit stammt und den ältesten Überrest aus Weidens Baugeschichte darstellt, schließt der Marktplatz. Die obere Turmhälfte des Tores wurde 1635 von kaiserlichen Truppen beschädigt und bis 1698 wieder hergestellt. Malerisch fügen sich die links und rechts des Tores erbauten Wohnhäuser in das mittelalterliche Stadtbild. Das Fachwerk am linken Haus ist ein sogenanntes ,,Riegelwerk". An diesen Häusern vorbei laden die engen Gassen zu einem Rundgang um Reste der Stadtmauer mit teilweise erhaltenen Wehrgängen ein.

Durch das Untere Tor kommt man zum *Schlörplatz* mit dem Gedenkstein des letzten bayerischen Handelsministers Gustav von Schlör (1820–83), dem Weiden den Anschluß an das Eisenbahnnetz verdankt. Vom Schlörplatz führt eine kleine Gasse in die *Bürgermeister-Prechtl-Straße*. Im *Max-Reger-Haus* (Nr. 31) verlebte der Komponist seine Jugendjahre. Er erhielt hier die Grundlagen seines musikalischen Schaffens durch seinen Lehrer Albert Lindner und schuf hier seine berühmten Orgelwerke (1898–1901; Gedenktafel). Die zweitürmige katholische

Josefskirche [4] ist 1899–1900 im neuromanischen Stil erbaut worden. Bemerkenswert: das Hauptportal mit seinem nachempfundenen romanischen Gewände und den geschnitzten Flügeltüren. Eine Seltenheit ist die im Jugendstil gehaltene Innenausstattung. Die mattglänzenden Wand- und Deckengemälde und die darauf abgestimmten Mosaiken geben dem Raum eine eigenartig entrückte Stimmung.

Von der Bürgermeister-Prechtl-Straße zweigt nach Norden hin die *Scheibenstraße* ab, in der der *Flurerturm,* ein Rest der äußeren Stadtbefestigung, steht.

Gleich in der Nähe, in der *Luitpoldstraße 25,* trifft man auf den sogenannten

Waldsassener Getreidekasten [5] (1739 – 42), das bedeutendste Gebäude Weidens aus der Barockzeit. Sein Name rührt davon her, daß darin die landwirtschaftlichen Abgaben an das Kloster Waldsassen gesammelt und gespeichert wurden. Baumeister war der Waldsassener Mönch Philipp Muttone.

Zurück in die Bürgermeister-Prechtl-Straße erreicht man durch die *Schulgasse* das

***Alte Schulhaus** [6], das historisch wertvollste Gebäude Weidens. Es ist ein mächtiger siebengeschossiger Bau von 1566, der unter einem gemeinsamen Dachstuhl (Kornspeicher) acht selbständige Reihenhäuser mit eigenen Treppenaufgängen zusammenfaßte. Die beiden Eckhäuser nahmen die Deutsche Schule und die Lateinschule auf. Dazwischen lagen die Wohnungen für Pfarrer, Lehrer und Mesner. Eine Bautafel weist mit der Jahreszahl 1529 auf einen Vorgänger des heutigen Gebäudes hin. Heute dient das Haus als ,,Kulturzentrum" und beherbergt die *Stadtbibliothek* und das *Stadtmuseum* mit Max-Reger-Zimmer. Daneben die evangelische

St. Michaelskirche [7], die ursprünglich gotisch war und im 18. Jahrhundert barock umgestaltet wurde. Der zwiebelgekrönte fünfgeschossige Turm zeigt die schmucken Formen des Spätbarocks. Im Innern sind bedeutend die Kanzel (1787), der barocke Hochaltar (1791), Reste des gotischen Netzgewölbes, einige alte Grabsteine sowie der Orgelprospekt, dessen Kern noch von 1565 stammt. Auf der Orgel spielte der junge Max Reger.

Im Norden der Stadt steht in der *Sebastianstraße* die *Sebastianskirche*, erbaut 1692 nach Zerstörung eines Vorläufers aus dem 15. Jahrhundert. Im Chorbogen links befindet sich der Renaissance-Grabstein der Zwillingskinder des Pfalzgrafen Friedrich von Vohenstrauß (1590).

Empfehlenswert ist ein Spaziergang durch den *Max-Reger-Park* an der Naab mit einem Denkmal des Komponisten.

PRAKTISCHE HINWEISE

Inf.: Städtisches Verkehrsamt, im Alten Rathaus, Tel. (09 61) 81-4 11 und 4 12.
Regensburg – München, Hof – Leipzig, Nürnberg, Bayreuth.
Nach allen Richtungen.
,,Europa", ,,Stadtkrug", ,,Hölltaler Hof", ,,Hotel Am Tor".
,,Zur Post", ,,Waldlust", ,,Weile", ,,Dagner".

AUSFLÜGE

1. Waldgasthaus Blockhütte, 4 km östlich, und Aussichtsturm auf dem *Fischerberg.*

2. Mooslohe, ein Hochmoorgebiet mit reicher Pflanzenwelt, 3 km nordwestlich.

Weitere Ausflüge in Routen 9 und 10.

Route 1: **Regensburg–*Altmühltal–Laabertal–**Regensburg (135 km)

Am Anfang unserer Reiserouten steht eine Fahrt durch die Flußtäler von Donau, Altmühl, Schambach und Laaber. Burgen, Schlösser und Kirchen säumen den überaus reizvollen Weg. Von ***Regensburg* aus fährt man auf der B 16 nach

Bad Abbach (330 m, 6800 Einw.), 12 km, einem Kurort, dessen Schwefelquellen schon den alten Römern Linderung ihres Rheumatismus brachten. Heute findet man hier drei sehr modern eingerichtete Rheuma-Krankenhäuser des Bayerischen Roten Kreuzes. Der Ort breitet sich zu Füßen eines Hügels aus, auf dem ein zinnenbekrönter Bergfried an die *Heinrichsburg* erinnert. In ihr wurde, wie der bayerische Geschichtsschreiber Aventinus berichtet, 973 Kaiser Heinrich II. geboren. Kurpark mit Haus für subtropische Vögel und Pflanzen.

Inf.: Kurverwaltung, Tel. (0 94 05) 15 55.
Regensburg, Ingolstadt.
Regensburg, München, Kelheim.
„Pension Elisabeth", „Möhring".
„Park-Café", „Haus am Schwefelbad", „Zur Post", „Hotel Rathaus", „Kötterl", „Brauerei Zirngibl", „Mariandl", „Ursula". – . – , Kur- und Kongreßzentrum.

Die nächste Wegstation an der B 16 ist

Abensberg (370 m; 9900 Einw.), 35 km, Spargelstadt und Heimatort des oben erwähnten bayerischen Historikers *Johannes Turmair* (1477–1534), genannt *Aventinus*. Sein *Geburtshaus*, den „Hofbräu", findet man auf dem Marktplatz inmitten schöner Giebelhäuser. Reste der mittelalterlichen *Stadtbefestigung* des 14.–15. Jahrhunderts sind sehenswert, ebenso die Pfarrkirche *St. Barbara* (13. Jh.), eine Hallenkirche mit Wandmalereien und vielen Grabsteinen, und die barockisierte *Karmelitenkirche* (14. Jh.) mit gotischem Kreuzgang und einer Tumba von 1469. Im ehemaligen Karmelitenkloster befindet sich ein *Aventinus-Museum*.

Regensburg.
Regensburg, München, Kelheim.
„Jungbräu", „Hotel Garni", „Kuchlbauer". – , .

Weiter in nordwestlicher Richtung, bei

Eining, 42 km, findet man das am besten erhaltene *Römerkastell* Bayerns, zum Schutz der Limes errichtet. Ende des vorigen Jahrhunderts wurde das Kohortenkastell *Abusina* ausgegraben, dessen erste Anlage ein Holz-Erd-Kastell aus der Zeit um 80 war; um 140 in Stein umgebaut. 3 km südlich liegt das Schwefel- und Moorbad *Bad Gögging*.

Weltenburg (Ortsteil von Kelheim), 48 km, mit der schönen Barockkirche der Brüder Asam und seinem bekannten **Donaudurchbruch*. Hier wird das Felsenmassiv des Jura von der Donau durchschnitten. 100 m hohe Steilwände schauen auf die nur noch bis zu 70 m breite Donauenge herab (per Schiff oder Kahn zu erreichen).

In dieser romantischen Lage steht die *Benediktinerabtei,* die auf eins der Urklöster Bayerns aus dem Jahre 620 zurückgeht. 1714–1725 entstand das heutige Klostergebäude, und von 1717–1751 dauerten Bau und Ausstattung der künstlerisch sehr wertvollen **Barockkirche,* einem Meisterwerk der Brüder Asam. Durch eine niedrige, stuckierte Vorhalle betritt man das dämmerige, prunkvolle Innere: ein langgestrecktes Oval, von Säulen und Pilastern umstellt, die die mächtige Kuppel tragen. Der Hochaltar (1721) hat die Form einer lichtdurchfluteten Ehrenpforte, durch die der heilige Georg zu Pferde reitet und den Drachen bezwingt.

Kelheim.
„Klostergasthof".

Am Zusammenfluß von Donau und Altmühl liegt die ehemalige Herzogsresidenz und heutige Kreisstadt

Donaudurchbruch

Kelheim (354 m; 14 000 Einw.), 55 km, deren Anlage in jetziger Form noch auf das 11. Jahrhundert zurückgeht. Die teilweise noch erhaltene *Stadtbefestigung* mit drei Türmen und drei Stadttoren entstammt dem 13.–14. Jahrhundert, die *Pfarrkirche,* eine spätgotische Pfeilerbasilika, dem 15. Jahrhundert. An die einstige Herzogsresidenz erinnern das ehemalige *Herzogsschloß* der Wittelsbacher mit Turmrest (ca. 1150), heute Landratsamt, der mächtige *Herzogkasten,* ein Getreidekasten des 15. Jahrhunderts (archäologisches Museum) und die *Kapelle,* an deren Stelle Herzog Ludwig I. der Kelheimer 1231 ermordet wurde.

Über allem erhebt sich auf dem Michelsberg das Wahrzeichen der Stadt – die **Befreiungshalle:* ein mächtiger Prunkbau, den König Ludwig I. von Friedrich Gärtner und Leo von Klenze in den Jahren 1842–1863 errichten ließ als Dank und zur Erinnerung an die Befreiungskriege gegen Napoleon (1813–1815). Es ist ein Rundbau, den 18 Kolossalfiguren germanischer Jungfrauen – Sinnbilder der deutschen Stämme – außen schmükken und der 34 marmorne Siegesgöttinen (nach Entwürfen von Ludwig Schwanthaler) birgt, die auf Tafeln die Namen der wichtigsten siegreichen Schlachten und Feldherren der Freiheitskriege tragen.

Inf.: Fremdenverkehrsamt, im Rathaus, Tel. (0 94 41) 7 01–34.

🚌 Nach allen Richtungen.

⛴ Weltenburg.

⌂ „Ehrnthaller", „Aukoferbräu", „Klosterbrauerei Seitz". – ⛺ (z. Z. geschl.), 🏊.

In Kelheim überquert man die *Altmühl* in Richtung Riedenburg. Es tut sich uns eines der schönsten und romantischsten Flußtäler auf, dessen Zauber zur Zeit leider stellenweise durch den Bau des Rhein-Main-Donau-Kanals beeinträchtigt wird. Leuchtende, schroffe, auch bizarre Felsen unterbrechen die grünen, mit Mischwald überzogenen Hänge, die einmal weiter, einmal enger das liebliche Wiesental rahmen. Interessant sind die Höhlen, die die Wasserwirbel des Urflusses in das Gestein gewaschen haben.

Das *Große Schulerloch* bei *Oberau,* 58 km, ist typisch dafür. Es ist keine Tropfsteinhöhle von der Bedeutung etwa der König-Otto-Höhle bei Velburg (s. S. 36). Hier sind die Stalagmiten und Stalaktiten nur sehr klein. „Bergmilch", bröseliger zersetzter Kalk, überzieht das Gestein. Eine Besonderheit sind die Kalksinter-Schüsseln, die das Tropfwasser auffangen. Diese Höhle war seit der

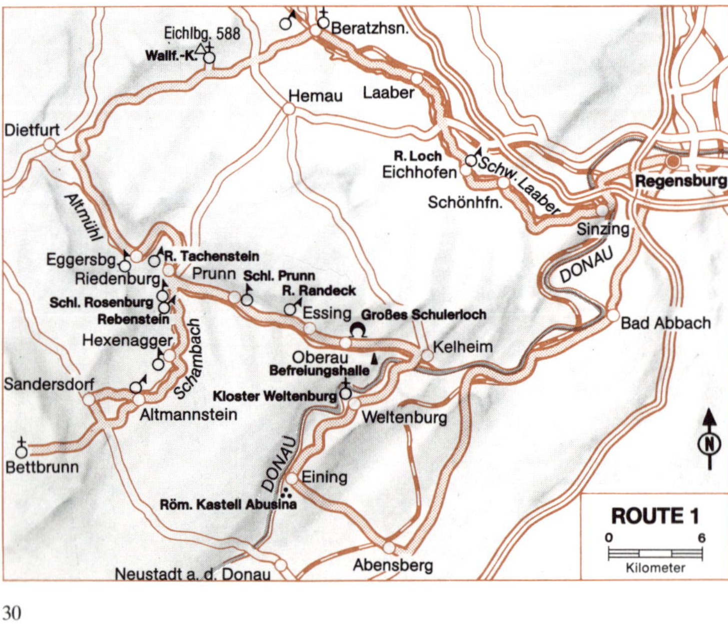

Altsteinzeit bewohnt. Das *Kleine Schulerloch* (nur nach Vereinbarung zugänglich) weist Felsritzzeichnungen aus der Zeit um 15 000–10 000 v. Chr. auf. – Ein hübscher Marktflecken ist

Essing (400 m, 1000 Einw.), 60 km, mit dem alten *Brucktor* und der *Holzbrücke*. Über dem Ort erhebt sich die Ruine und der zinnengekrönte Bergfried der *Burg Randeck* (Zufahrt schon vor Essing). Sie wurde im 13. Jahrhundert erbaut und 1634 von den Schweden teilweise zerstört. Im 19. Jahrhundert wurden nach einem Einsturz die Reste baulich gesichert und der Bergfried restauriert.

🚌 Kelheim, Dietfurt.
⌂ „Weihermühle", „Schneider", „Ehrl", „Holzapfel", „Ritterschänke".

Auf senkrecht abfallendem Fels über

Prunn (352 m; 280 Einw.), 66 km, erhebt sich die **Burg Prunn* über dem Altmühltal. Wernherus de Prunne wird 1037 als erster Herr der Burg genannt, die oftmals den Besitzer wechselte, bis sie schließlich Anfang des 19. Jahrhunderts an den Bayerischen Staat kam. Teile der Wohnbauten und der machtvolle Bergfried stammen aus dem 12. und 13. Jahrhundert. Die Ausgestaltung der Burg erfolgte erst im 16. und 17. Jahrhundert (Führungen). Im Jahre 1575 wurde hier eine wertvolle Handschrift des Nibelungenliedes gefunden (jetzt in der Staatsbibliothek in München).

Auf dem Wege nach Riedenburg liegt noch das *Schlößchen Aicholding* (17. Jh.) mit seiner romanischen Martinskirche.

Riedenburg (354 m; 4700 Einw.), 70 km, ist ein malerisches Dreiburgenstädtchen im Talkessel der Altmühl, mit der *Rosenburg* (Burgschenke, Heimatmuseum), deren Bergfried aus dem frühen 13. Jahrhundert und deren Wohnbauten aus den Jahren 1556–1558 stammen, der etwas unterhalb davon gelegenen *Ruine Rabenstein* (12. Jh.) und der *Ruine Tachenstein* (13. Jh.) auf dem Berg gegenüber. Auf *Schloß Rosenburg,* 1 km südwestlich, befindet sich der interessante **Bayerische Landes-Jagdfalkenhof* (dienstags bis sonntags 9–17 Uhr).

Inf.: Fremdenverkehrsamt, St.-Anna-Platz 2, Tel. (0 94 42) 8 18 u. 25 40.
🚌 Regensburg, Kelheim, Dietfurt, Ingolstadt.
⌂ „Drei-Burgen-Blick", „Panorama-Hotel", „Tachensteiner Hof". – ⛺. – 🏊.

Ausflug:

Ein Seitental der Altmühl ist das idyllische *Schambachtal,* das der kleine Bach in vielen Windungen durchzieht. Man folgt ihm bis Altmannstein (9 km). Zuvor rückt, über dem gleichnamigen Ort, das hoch aufragende *Schloß Hexenagger* (17. Jh.) ins Blickfeld, mit den Resten eines romanischen Bergfrieds (13. Jh.) und des gotischen Berings (15. Jh.). Bei

Altmannstein (400 m, 6000 Einw.; Freibad), wo sich das Tal verengt, stehen Reste einer *Burg* des frühen 13. Jahrhunderts, die im Dreißigjährigen Krieg zerstört wurde. Der Bergfried blieb inmitten jüngerer Mauern erhalten. Im Ort selbst in der modernen *Kreuzkirche* (1958) ist beherrschender Mittelpunkt ein riesiger *Kruzifixus* des in Altmannstein geborenen berühmten altbayerischen Rokokobildhauers Ignaz Günther (1725–1775).

Ein kleiner Umweg von ca. 3 km führt über *Sandersdorf* – hier ist ein Schloß aus dem 17. Jahrhundert mit einem weiteren Kreuz von Ignaz Günther in der Kapelle sehenswert – nach

Bettbrunn (22 km), mit der spätbarocken Wallfahrtskirche *St. Salvator* Ziel einer der ältesten und berühmtesten Hostienwallfahrten Bayerns. Die Kirche strahlt im Glanz ihrer prachtvollen Barockausstattung. 1125 entstand hier eine Holzkapelle, die 1330 durch einen Steinbau ersetzt wurde. Chor und Turm stammen noch aus dieser Zeit. Das Innere des saalartigen Langhauses (1774) steht stilistisch an der Grenze zwischen Barock und Klassizismus. Eine Besonderheit im Chor sind die alten Votivkerzen, die älteste ist von 1378.

Man fährt auf direktem Wege über Altmannstein nach Riedenburg zurück.

*

Im *Altmühltal* geht es nun in nordwestlicher Richtung weiter. Schon bald taucht zur Linken, hoch über dem Fluß, *Schloß Eggersberg* auf. Zu Beginn des 17. Jahrhunderts erbaut, ist es heute Gästeschloß und Stätte kultureller Veranstaltungen. Inmitten eines gepflegten Schloßgartens steht der große rechteckige Renaissancebau mit seinen steilen Treppengiebeln und den vier achteckigen, zwiebelbekrönten Türmen.

Kurz vor Dietfurt (s. S. 35) verläßt man das Altmühltal in Richtung Beratzhausen. Auf der linken Seite grüßt bald, weithin sichtbar, die barocke *Wallfahrtskirche Eichlberg* (1697) herüber.

Beratzhausen (500 m; 5000 Einw.), 103 km, liegt im Tal der *Schwarzen Laaber.* 866 erstmals erwähnt, gehörte die Niederlassung im 13. Jahrhundert den Herren von Ehrenfels, die auf der Burg oberhalb der Laaber saßen. Diese wird 1256 erstmals erwähnt. Ihr Bering mit Wall und Graben ist noch erhalten. Im Ortskern findet man das *Rathaus* (1786) mit allegorischer Bemalung und die *Pfarrkirche St. Peter und Paul*, ein einschiffiger Saalbau (1762), der aus einer romanischen Anlage hervorging, mit prächtiger Rokokoausstattung und Dekkenfresken von Otto Gebhardt von Prüfening. Sehenswert sind noch die doppelstöckige *Totenkapelle St. Michael,* die *Mariensäule* (um 1720), die barocke *Wallfahrtskirche Maria Hilf* und der *Zehentstadel* von 1599.

Inf.: Verkehrsamt, im Rathaus, Tel. (0 94 93) 16 87 und 16 88.
Regensburg, Neumarkt.
Regensburg, Kelheim, Parsberg.
„Mosner“, „Paulus“, „Schloßberg“, „Friesenmühle“. – , Haus des Gastes.

Laaber (410 m; 4500 Einw.), 110 km, wird von einer *Burgruine* aus dem 13. Jahrhundert bekrönt, die im 14. Jahrhundert Sitz des Minnesängers Hadamar III., aus dem Geschlecht der Herren von Laaber, war. Den Bildnisgrabstein seines Sohnes Hadamar IV. (gestorben 1420) findet man in der *Pfarrkirche St. Jakob,* einem gotischen Bau aus dem 15. Jahrhundert, der um 1760 barockisiert wurde. Sehenswert ist auch der Taufstein (15. Jh.) auf einem Sockel des 13. Jahrhunderts.

Regensburg, Neumarkt.
Regensburg.
„Lindenhof“, „Schrammlhof“, „Plank“, „Zeitler“. „Utz“ (Frauenberg). – .

Von der Schwarzen Laaber begleitet erreicht man *Eichhofen,* 118 km, wo man noch eine letzte Burgruine findet: *Burgruine Loch,* eine der beiden Höhlenburgen Bayerns (12. Jh.). Weithin sichtbar ist der viergeschossige Bergfried.

Nun geht es über *Schönhofen* und *Sinzing* (hier mündet die Schwarze Laaber in die Donau) zurück nach ***Regensburg,* 135 km.

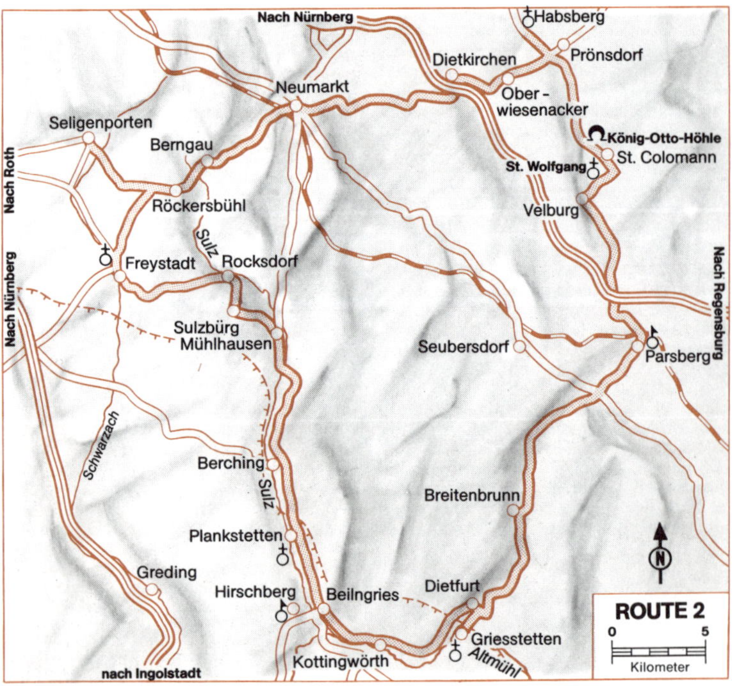

Route 2: Neumarkt–*Berching–Beilngries–Parsberg–Neumarkt (112 km)

Ausgangspunkt der Route ist die Kreisstadt

Neumarkt in der Oberpfalz (425 m; 32 500 Einw.), die sanft in einen Talkessel gebettet zwischen Juraausläufern liegt. 1160 erstmals genannt, 1235 als Stadt beurkundet, war sie kurze Zeit freie Reichsstadt und von 1410–1543 Pfalzgrafenstadt. – Der Ort sammelt sich um einen langen Straßenmarkt, den das freistehende Rathaus teilt. Zeugen alter Zeit sind noch einige Türme der ehemaligen Stadtmauer (wie Schuld- und Pulverturm). Die Altstadt wurde in den letzten Tagen des Zweiten Weltkrieges fast völlig zerstört und später in alter Anlage wieder aufgebaut. Fast unversehrt blieben die Kirchen der Stadt.

Die katholische *Pfarrkirche St. Johannes* wurde 1404 begonnen, aber erst nach der Mitte des 15. Jahrhunderts vollendet. In die dreischiffige Halle führen drei reich gegliederte Portale, von denen sich das Weltgerichtsportal im Westen durch besonderen Skulpturenschmuck auszeichnet. Aus vorgotischer Zeit blieb der Taufstein (um 1200) erhalten, aus dem 15. und 16. Jahrhundert stammen einige Epitaphien und Grabmäler sowie Freskoreste an Stützen und Westwand.

Die *Hofkirche Mariä Himmelfahrt* geht auf einen Bau des Pfalzgrafen Johann von Wittelsbach zurück, der 1410 in Neumarkt seinen Sitz nahm und Schloß und Hofkapelle errichten ließ. Das Langhaus wurde 1702 von Jakob Engel aus Eichstätt zur dreischiffigen Basilika umgestaltet. Bemerkenswert ist im südlichen Seitenschiff eine Rotmarmortumba des Pfalzgrafen Otto II., eine vorzügliche Arbeit der späten Gotik (um 1499). Erwähnenswert sind weiterhin zwei Standbilder: der heilige Sebastian aus Holz und Maria mit dem Kinde aus Stein (beide 1490). Gegenüber der Kirche steht der sogenannte *Reitstadel*, ehemals Hofkasten und jetzt Kulturhaus der Stadt.

Das *Schloß* Herzog Johanns II. brannte 1520 unter der Statthalterschaft des Pfalzgrafen Friedrich II. ab. Dieser ließ es bis 1539 im Renaissancestil neuerbauen. Von dieser Anlage blieben nach dem 19. Jahrhundert nur noch zwei hochgiebelige Flügel erhalten. Das Schloß ist heute Amtsgericht. Daneben in der *Krümperstallung* befindet sich ein Zweigmuseum des Bayer. Nationalmuseums.

Einen schönen Blick auf Stadt und Umgebung bietet der Bergfried der *Burgruine Wolfstein,* von deren Anlage aus dem 12. Jahrhundert noch Reste zu erkennen sind. Ihr gegenüber auf dem 582 m hohen Maria-Hilf-Berg steht die barock stuckierte *Wallfahrtskirche Maria Hilf* (1718; Tafelgemälde von 1478 mit Szenen aus dem Marienleben).

Neumarkt ist das Eingangstor zu den Tälern der Schwarzen und Weißen Laaber, der Lauterach, Sulz, Altmühl und Schwarzach.

Inf.: Stadtverwaltung, im Rathaus, Tel. (0 91 81) 9 04 26.
Regensburg, Nürnberg.
Amberg.
„Zum Schwan“, „Zum Stern“, „Nürnberger Hof“, „Mehl“, „Feihl“ (Pölling), „Zollbrecht“ (Höhenberg), „Salzer“ (Pölling). –

Man verläßt Neumarkt nach Südwesten in Richtung Freystadt. Hinter *Röckersbühl,* 9 km, führt ein kurzer Abstecher von 9 km nach

Seligenporten zu einem im 13. Jahrhundert gegründeten *Zisterzienserkloster.* Von den alten Klosterbauten steht nur noch der Ostflügel (16. Jh.). Er bewahrt drei Joche des Kreuzganges (profaniert). Von der Befestigung blieb der mächtige Torturm (15. Jh.). Alle anderen Gebäude stammen aus dem 20. Jahrhundert. Die *Klosterkirche,* deren Langhaus im 13. Jahrhundert und deren Chor im 14. Jahrhundert errichtet wurde, ist in ihrer strengen, einfachen Formgebung bezeichnend für die Bauweise des Zisterzienserordens. Das nur durch kleine Fenster belichtete Langhaus kontrastiert zum lichterfüllten gotischen Chor mit den hohen Maßwerkfenstern. Sehenswert sind das 650 Jahre alte Chorgestühl im Nonnenchor, eines der ältesten in Deutschland, und die Gruft der Grafen von Wolfstein-Sulzbürg und der Äbtissinnen. Vor

Freystadt (406 m; 6500 Einw.), 15 km, grüßt uns schon von weitem die **Wallfahrtskirche Mariahilf* (1700–1710). Etwas fremdartig erscheint unserem in dieser Landschaft an bayerischen Barock gewöhnten Auge ihr Äußeres. Die über kreuzförmigem Grundriß errichtete Rotunde wird von einer mächtigen Kuppel gekrönt, die vier Ecktürmchen und eine

Laterne schmücken. Graf von Tilly beauftragte den Münchner Hofbaumeister Giovanni Antonio Viscardi mit ihrem Bau. Das Innere ist von bezwingender Wucht. Es wird von dem lichten Kuppelraum beherrscht. Rundum treten emporengeschmückte Nischen zwischen kanellierten Säulenpaaren zurück. Die zartgetönten Stukkaturen schuf Francesco Appiani (1708) und die erst 1950 wieder aufgedeckten leuchtenden Fresken Hans Georg Asam mit seinen Söhnen.

Das geruhsame Städtchen Freystadt bietet das geschlossene Bild einer mittelalterlichen torturmbewehrten Stadtanlage. In der Mitte eines langen Straßenmarktes, der von behäbigen Bürgerhäusern mit meist spitzen Giebeln gesäumt wird, steht das *Rathaus* (1665), nördlich davon die um 1730 an einen gotischen Turm (13. Jh.) angebaute *Pfarrkirche* mit Schnitzfiguren des 16. Jahrhunderts.

🚌 Neumarkt, Nürnberg.
⌂ ,,Pietsch", ,,Ferschl". – ⛵.

Hinter Freystadt fährt man ostwärts in Richtung Velburg nach *Rocksdorf* weiter. Von dort aus führt ein Straßenabzweig nach

Sulzbürg (400–560 m; 600 Einw.), 24 km. Der auf einem Juravorsprung liegende Luftkurort bietet neben einer herrlichen Aussicht ein *Landlmuseum* (mit Sammlungen zur Ortsgeschichte) und drei Kirchen. Bis 1938 bestand hier auch eine Synagoge. Ein stiller israelitischer Friedhof mit alten Grabsteinen erinnert daran (Schlüssel im Nachbarhaus). Sulzbürg war einst Residenz der Grafen von Wolfstein-Sulzbürg, deren Geschlecht bis 1080 zurückreicht.

🚌 Neumarkt, Freystadt.
⌂ ,,Alte Post".

Über die B 299 erreicht man das im *Sulztal* gelegene, mittelalterliche Städtchen

***Berching** (380 m; 7500 Einw.), 36 km, staatlich anerkannter Erholungsort. 883 erstmals urkundlich genannt, gehört es zu den ältesten Orten dieses Gebietes. 1464–1494 wurde es mit einem türmereichen Mauerring umgürtet, der bis heute wohlerhalten ist. Er behütet ein überaus malerisches Kleinstadtbild aus dem Spätmittelalter. Nur durch eins der vier Tore kann man die Stadt betreten und zur Innenstadt gelangen mit ihrem geräumigen Marktplatz. Er wird von stattlichen Bürgerhäusern umrahmt, die fast durchwegs ihre verschiedenartigen Giebelfronten dem Platz zuwenden und die teilweise mit Erkern, Wappen, Reliefs, Inschriften, Figuren, Heiligenstatuen oder auch mit einem schönen handgeschmiedeten Wirtshausschild geschmückt sind. Ein Spaziergang erschließt viele schöne Durchblicke und malerische Winkel. Auch ein Teil der *Stadtmauern* ist begehbar. Auf unregelmäßigem Quaderwerk bis zu 1,5 m Dicke und 4 m Höhe folgt man den gedeckten Wehrgängen.

Auch Berchings Kirchen sind alt, wurden allerdings barockisiert, so die frühgotische *Pfarrkirche Mariae Himmelfahrt.* Beachtenswert sind die Deckengemälde J. M. Baders von Eichstätt, die sie umgebenden Rocaille-Stukkaturen der Zeit um 1750–1760 und ein Epitaph aus der Werkstatt Loy Herings in der nördlichen Seitenkapelle. *St. Lorenz,* die ursprüngliche Pfarrkirche, geht auf das 11. Jahrhundert zurück. An ihrem Nordportal findet man ein schlichtes Tympanonrelief (um 1220). Der neugotische Hochaltar birgt Schnitzarbeiten aus der Zeit um 1500–1520. Von besonderem Reiz ist ein Zyklus von Tafelgemälden in den Seitenaltären, bedeutende Arbeiten der Albrecht-Altdorfer-Schule (um 1515).

Inf.: Stadtverwaltung, Tel. (08462) 881.

🚌 Neumarkt, Beilngries.

⌂ ,,Post", ,,Krone", ,,Blaue Traube", ,,Dallmayr".

Man verläßt Berching auf der B 299 und kommt nach

Plankstetten (385 m; 470 Einw.), 40 km. Am waldigen Berghang über dem Sulztal liegt das 1129 gegründete und in seiner jetzigen Form und Ausdehnung um 1716 erbaute *Benediktinerkloster* mit seiner Kirche (1138), deren mächtiges Turmpaar mit den barocken glockenförmigen Hauben weit ins Land schaut. Durch zwei Vorhallen gelangt man zum reizvollen Portal der *Klosterkirche.* Stufen führen hinab in die hohe, schlichte dreischiffige Pfeilerbasilika mit bemalter Flachdecke und zarter, sparsamer Stukkierung des frühen Rokoko (1727). Zwei Oratorien schmücken die südliche Hochschiffwand. Ihre vergoldeten Gitter fügen sich harmonisch zu der prächtigen barocken Kanzel (eine Schenkung von 1651 aus der Abtei Lambach) und dem schlanken, zierlichen Hochaltar. Als Kleinod des Rokoko gilt die von dem Eichstätter Hofstukkateur Johann Jakob Berg um 1760 ausgestaltete *Heilig-Kreuz-Kapelle. Ihr vornehmer, üppiger Rocaillestuck umschließt die eindrucksvolle Gruppe der Pieta. Sehenswert sind auch die Reste des Kreuzganges (spätes 15. Jh.) südlich der Kirche, mit einem Sterngewölbe der Spätgotik und einer dreiteiligen Fensterarkade (um 1150).

Weiter auf der B 299. Oberhalb von Beilngries grüßen weithin sichtbar Türme ins Land. Sie gehören zum *Schloß Hirschberg,* der einstigen Sommerresidenz der Fürstbischöfe von Eichstätt (Straßenauffahrt von Beilngries). Im Auftrag des Fürstbischofs Raymond Anton von Strasoldi gestaltete der Baumeister Maurizio Pedetti die alte Burg der Grafen von Hirschberg, die das Hochstift Eichstätt nach dem Erlöschen des Grafengeschlechts 1305 geerbt hatte, in den Jahren von 1760–1764 zum Schloß um. Es ist ein schöner dreiflügeliger Rokokobau mit Prunkräumen in Rokokoausstattung, der heute als Exerzitienhaus dient (Besichtigung nach vorheriger Anmeldung möglich). Das breite Eingangstor, dessen Pfeiler Tierplastiken tragen, wird von zwei mächtigen romanischen Turmbauten mit gotischen Stufengiebeln und Satteldächern flankiert. Ein schöner Ausblick öffnet sich auf vier Täler: das Altmühltal, den Talkessel mit Beilngries, das Trockental in Richtung Dietfurt und das Sulztal.

Beilngries (372 m; 6800 Einw.), 44 km, liegt am Zusammenfluß von Altmühl und Sulz. Erstmals urkundlich erwähnt wird der Ort 1007. Damals kommt er als Schenkung Friedrichs II. an Bamberg. Ab 1015 gehört Beilngries dann zu Eichstätt. Im 15. Jahrhundert erhielt die Stadt ihren Mauerring, von dem noch ein guter Teil erhalten ist. Das Stadtbild ist in seiner alten Anlage sehenswert. An der breiten Hauptstraße stehen Giebelhäuser mit barocken Fassaden, manchmal mit einem Erker oder einem kunstvoll geschmiedeten Wirtshausschild versehen. Quer zur Straße steht das wappengeschmückte, mehr als 500 Jahre alte *Rathaus,* ehemaliger bischöflicher Getreidekasten, jetzt Haus des Gastes. Die mit bunten Ziegeln gedeckten Türme der *Pfarrkirche St. Walburga* überragen alle Dächer. Es ist ein Neubau von 1912/13, der auf eine Anlage aus dem 13. Jahrhundert zurückgeht, von der lediglich ein Rest des Nordturms erhalten blieb.

Beachtenswert sind noch die *Friedhofskapelle St. Lucia,* ein einheitlicher gotischer Bau von 1469–1476, und die *Frauenkirche,* eine Rokokoschöpfung des 18. Jahrhunderts von Maurizio Pedetti.

Inf.: Touristik-Verband, Hauptstr. 14, Tel. (0 84 61) 84 35 und 2 14.
Neumarkt, München, Regensburg.
„Gams", „Krone", „Fuchs-Bräu".
„Goldener Hahn", „Wagner". – . . . – Haus des Gastes, Brauereimuseum.

Unsere Route führt uns weiter im Altmühltal nach

Kottingwörth (367 m; 330 Einw.), 48 km, dessen *Pfarrkirche* ein besonderes Kleinod besitzt. Bei ihrem Neubau 1760 blieb der Chorturm der alten gotischen Kirche stehen, der seitdem als Taufkapelle genutzt wird. In dieser St. Veits-Kapelle wurden 1895 *Fresken aus der Zeit um 1400 aufgedeckt, die den ganzen Raum einnehmen und eine kunstgeschichtliche Sehenswürdigkeit darstellen.

Sieben Täler münden in den Talkessel der Altmühl, in den sich das Städtchen

Dietfurt (364 m; 5100 Einw.), 54 km, schmiegt. Anfang des 11. Jahrhunderts erstmals genannt, wurde es 1325 als Markt bezeugt und 1416 zur Stadt erhoben. An sehenswerten Baudenkmälern besitzt es die barocke *Stadtpfarrkirche St. Ägidius* mit ihrem 65 m hohen Spitzturm, die um 1660 errichtete und im 19. Jahrhundert stark veränderte *Franziskaner-Klosterkirche* und ein stattliches *Rathaus* aus dem 17. Jahrhundert. Vor diesem steht der originelle *Chinesenbrunnen.* Nach altem Volksbrauch maskieren sich die faschingsbegeisterten Dietfurter am „unsinnigen Donnerstag" als Chinesen.

Inf.: Verkehrsbüro, Tel. (0 84 64) 17 15.
Neumarkt, Beilngries.
„Zum Wolfsberg" (Mühlbach).
„Aenderl" (Töging), „Zur Post", „Zum Bräutoni". – (Töging). – .

Ausflug: Bevor man das Altmühltal verläßt, kann noch ein Abstecher von 3 km auf das andere Flußufer nach *Griesstetten* zur Wallfahrtskirche „St. Martin und zu den Drei elenden Heiligen" (1740–1750) gemacht werden.

Unsere Route wendet sich nun in nördlicher Richtung Parsberg zu, anfangs begleitet von der *Wissinger Laaber.* Deren enges, waldreiches Tal ist besonders lieblich. In

Breitenbrunn (400 m; 2900 Einw.), 61 km, einem von Bergen, Felsen und Wäldern umschlossenen Markt, findet man an der Hauptstraße zwei *Schlößchen* aus dem 18. Jahrhundert und den *Gasthof Post,* ein stattliches Gebäude aus

Breitenbrunn: St. Sebastian

dem 16. Jahrhundert mit gotischem Treppengiebel, Erker und Satteldach. Die *Pfarrkirche Mariae Himmelfahrt* beherbergt die kostbare Tillymonstranz, eine 1507 in Nürnberg gefertigte spätgotische Arbeit. – Außerhalb des Ortes steht auf felsiger Anhöhe die 1386 von den Rittern von Wildenstein erbaute und 1702–1708 von Graf Ferdinand von Tilly erweiterte *Wallfahrtskirche St. Sebastian* mit zwei Zwiebeltürmen. Bemerkenswert sind die bis zu 300 Jahre alten Votivkerzen im Innern und die Westtüre, die mit zahlreichen Hufeisen als Votivgabe „beschlagen" ist.

Inf.: Verkehrsamt, Marktplatz 13, Tel. (0 94 95) 2 66.
Parsberg.
„Breitenbrunner Hof", „Lehner", „Ferstl", „Zur Post". – . – .

Weiter nordöstlich erreicht man

Parsberg (550 m; 5600 Einw.), 73 km. Wahrzeichen der tausendjährigen Stadt sind zwei malerische flache Kuppeltürme, die zum hochgelegenen *Schloß* gehören, das einen herrlichen Blick in die Hügellandschaft der Umgebung bietet. Die Gesamtanlage besteht aus dem Oberen und dem Unteren Schloß. Ersteres ist ein langgestreckter dreigeschossiger Bau mit schlichter Fassade aus der ersten Hälfte des 16. Jahrhunderts. Das Eingangstor des Unteren Schlosses trägt ein Wappen der Ritter von Parsberg von 1600.

Inf.: Stadtverwaltung, Alte Seer Str. 2, Tel. (0 94 92) 50 56.
Regensburg, Neumarkt.
Kelheim.
„Zum Hirschen", „Zum Schwan". – , (Wellenbad).

Velburg (500 m, 4200 Einw.), 83 km, eine Gründung Herzog Ludwigs II. von Bayern (1253–1294), besitzt seit 1310 Stadtrechte. Den Verlauf der einstigen Stadtmauer kann man noch gut verfolgen. Der älteste Teil des *Nordtores* (Hinteres Tor) stammt noch vom Anfang des 14. Jahrhunderts. Das Ortsbild ist sehr malerisch. Der Marktplatz wird von schönen Giebelhäusern umrahmt, an denen Wappen und Inschriftentafeln zu entdecken sind. Besonders ins Auge fällt das *Rathaus* mit seinem Türmchengiebel. Nur wenig oberhalb stehen das *ehemalige Rathaus* mit zweistöckigem überkuppelten Erker sowie die dreischiffige hochbarocke *Pfarrkirche St. Johannes,* die außen durch ihren schindelgedeckten Zwiebelturm (1665) und innen durch einen mächtigen Barockhochaltar (um 1700) auffällt. Die *Friedhofskapelle St. Anna* besitzt drei spätgotische Flügelaltäre.

Inf.: Stadtverwaltung, Hinterer Markt 1, Tel. (0 91 82) 16 07.
Neumarkt.
„Zur Post", „Zur Traube", „Hofmann", „Zum Löwen", „Winkler-Bräu" (Lengenfeld). – . – .

Nordöstlich von Velburg liegt das *Wallfahrtskirchlein St. Wolfgang* (15. Jh.; Schlüssel nebenan) mit drei wertvollen spätgotischen Flügelaltären. Diese tragen im Schrein vollplastische Figuren, an den Innenflügeln Flachreliefs und an den Außenseiten Malereien.

Im nahegelegenen *St. Colomann* findet man eine der größten und schönsten Tropfsteinhöhlen der Oberpfalz: die erst 1895 entdeckte **König-Otto-Höhle.* Bei Beleuchtung erstrahlt eine Märchenwelt aus Tropfstein in vielfacher Färbung und Form. Dicke Säulen und Zapfen wachsen neben zarten Rosen und Trauben in Grotten mit phantastischen Namen wie Königsgrotte, Erlhain, Schatzkammer, Muschelgrotte und Adventshalle.

In nördlicher Richtung folgt man dem Wegweiser nach Lauterhofen und erreicht die **Wallfahrtskirche Mariae Himmelfahrt* auf dem *Habsberg,* errichtet von 1763–1773. Der Innenraum mit eleganter Stuckierung und Deckenfresken beeindruckt durch seine stilvolle Rokokoausstattung. Am Fuß des Habsberges liegt ein sehenswerter Friedhof mit kunstvoll geschmiedeten Grabkreuzen. – Eine größere Anzahl dieser Kreuze findet man auch noch auf dem Friedhof von *Dietkirchen* und *Oberwiesenacker.*

Bald danach ist *Neumarkt,* 112 km, wieder erreicht.

Route 3: **Regensburg–Naabtal–Vilstal–**Amberg–Burglengenfeld–**Regensburg (140 km)

Diese Route führt uns durch ein landschaftlich sehr abwechslungsreiches Gebiet. Die sich weitenden und verengenden Flußtäler von Naab und Vils, eingebettet in fruchtbare Wiesen, werden begrenzt von felsigen Waldhängen, sanften grasbewachsenen Felsrücken mit einsamen Wacholderbüschen und schroffen, nackten Felspartien.

Man verläßt ***Regensburg* donauaufwärts auf der B 8 in Richtung Nürnberg. Bei *Kneiting* lockt ein Abstecher (beschildert) nordwärts nach *Adlersberg* (3 km), wo eine frühgotische Kirche aus dem 13. Jahrhundert mit Wandmalereien (14. Jh.) und Reste mittelalterlicher Gebäude eines Dominikanerinnenklosters zu besichtigen sind. Ein weiterer Abstecher führt südwärts von *Mariaort* (hier mündet die Naab in die Donau) zu Fuß über eine Holzbrücke zu zwei kleinen, malerisch gelegenen barocken Kirchen: der *Wallfahrtskirche Mariaort* (1774 – 1776) und der *Kalvarienkirche* (1724).

Es folgt *Etterzhausen,* 10 km, mit der kleinen romanischen Dorfkirche St. Wolfgang (12. Jh.) und einem gut erhaltenen Schlößchen (16. Jh.). Hier biegt man rechts von der B 8 ab und folgt nun der *Naab,* vorbei an dem Weiler *Penk,* wo eine romanische Kirche (12. Jh.) mit dickem Turm und Mauerschlitzen – einer Wehrkirche gleichend – ins Auge fällt, und erreicht

Pielenhofen (400 m; 1000 Einw.), 16 km. Der Ort wird beherrscht durch die **Pfarrkirche,* eine ehemalige Klosterkirche der Zisterzienser, 1719 von Franz Beer erbaut. Prächtig ist ihre Giebelfassade, flankiert von zwei Türmen mit laternenverzierten Doppelkuppeln. Hohe Rundbogenfenster öffnen die Wände. Das Innere ist eine barocke Halle mit schmalen Seitenschiffen und schwach vorspringendem Querschiff, über denen sich von Karl Stauder (1720) bemalte Flachkuppeln wölben. Die gesamte Kirche weist eine reiche Stuckdekoration unbekannter Meister auf. Im *Kloster* der Salesianerinnen, einer Dreiflügelanlage vom Beginn des 18. Jahrhunderts, befindet sich die Vorschule der „Regensburger Domspatzen".

🚌 Regensburg, Amberg.

⌂ „Naabtalperle", „Klostergaststätte". – ⛺

Kallmünz (360 m; 2700 Einw.), 27 km, weiter nördlich im Naabtal, erkennt man schon von weitem an seiner auf steilem Jurafels thronenden **Burgruine.* Im 13. Jahrhundert erbaut, war die Burg einst ein wichtiger Stützpunkt der Wittelsbacher. 1641 wurde sie von den Schweden zerstört. Erhalten sind noch Teile der äußeren spätgotischen Zwingermauer und des inneren turmbewehrten Berings, des Bergfrieds und des Palas. Das Gelände ist frei zugänglich und gewährt einen herrlichen Blick auf das Flußtal und den Marktflecken. Ein romantischer Ort, im Kern mit engen Gäßchen, alten Häusern und idyllischen Winkeln bietet sich dar. Sehenswert sind die *Pfarrkirche St. Michael* (1758; in ihrer Einrichtung und Dekoration Rokoko), das *Rathaus* (1603; in seinem Inneren eine schöne Balkendecke; Museum) und die alte *Naabbrücke,* großenteils ein Steinbau der Zeit um 1550.

🚌 Regensburg, Amberg.

⌂ „Burgblick", „Weißes Lamm", „Rote Amsel", „Weißes Rössl". – ⛺. – 🏊.

Man verläßt nun das Naabtal und fährt im *Vilstal* aufwärts bis *Dietldorf.* Fremdartig mutet sein Schlößchen an. Es wurde zwischen 1700 und 1705 von einem italienischen Baumeister im Stil der italienischen Spätrenaissance erbaut und besitzt eine gute Ausstattung mit Mobiliar des Rokoko, Empire und Biedermeier.

Schmidmühlen (355 m, 2100 Einw.), 40 km, am Zusammenfluß von Vils und Lauterach gelegen, hat ebenfalls zwei bemerkenswerte Schlösser. Eines davon gehört zu den für diese Landschaft typischen Hammerschlössern.

Im Mittelalter war die Oberpfalz wegen ihres Erzreichtums einer der wichtigsten Eisenproduzenten Europas. Um die Wasserkraft zu nutzen, baute man die Schmieden und Schmelzen an Flüsse. So hatte Schmidmühlen schon 1311 die bedeutendste Eisenhütte Nordostbayerns. Neben diese Eisenhämmer bauten sich die Hüttenbesitzer ihre Häuser oder Schlösser, von denen auch im Vilstal noch mehrere erhalten sind.

Das ehemalige Hammerschloß, *Unteres Schloß* genannt, ein Barockbau, ist in wenig gutem Zustand. Das *Obere Schloß,* ehemals Hofmarkssitz, ein dreigeschossi-

ger Renaissancebau mit achteckigem Treppenturm wurde dagegen renoviert. Im Obergeschoß sind z. T. bemalte Balkendecken und Fragmente von Wandmalereien aus dem 16. Jahrhundert erhalten. Aus Schmidmühlen stammt der Bildhauer und Bildschnitzer Erasmus Grasser (gestorben 1518 in München).

Inf.: Marktgemeindeverwaltung, im Rathaus, Tel. (0 94 74) 2 75.

🚌 Regensburg, Amberg, Burglengenfeld.

⌂ ,,Kellermeier" (Emhof), ,,Rubenbauer", ,,Lindenhof". – ,,Haus des Gastes".

Weiter geht die Fahrt über *Vilshofen* und *Rieden* (beh. ⛴, ⛺) nach

Ensdorf (465 m; 1900 Einw.), 49 km, mit der ehemaligen **Benediktiner-Klosterkirche St. Jakob.* Ein schönes, mit Statuen geschmücktes Portal führt ins Innere des um 1700 wahrscheinlich von Wolfgang Dientzenhofer errichteten Gotteshauses. Die großen Freskengemälde sind das früheste selbständige Werk Cosmas Damian Asams. Das Gemälde des Hochaltars stammt von Johann Gebhard aus Prüfening. Eine wertvolle Holzplastik ,,Madonna mit Kind" (um 1500) und ein Holzrelief (1490) sind ebenfalls beachtenswert. Die Kirche wirkt feierlich und trotz ihres reichen Schmuckes nicht überladen. Eine besondere Sehenswürdigkeit (nur auf Bitte zugänglich) ist die Sakristei. Zarte Stukkaturen der Decke unterstreichen hier die reichen, in besonderer Feinheit und Qualität ausgeführten Schnitzarbeiten der Schränke und Figuren. Im Klostergebäude wird von den Don-Bosco-Salesianern eine Schule mit Internat geführt. Das nächste Ziel ist

Theuern (368 m; 540 Einw.), 55 km, mit seinem ehemaligen *Hammerherrenschloß* von 1781. Es zeigt eine Mineraliensammlung und eine Ausstellung von Steingut, Porzellan und Glas und ist Mittelpunkt des 1977–1978 entstandenen **Bergbau- und Industriemuseums.* Gleichermaßen interessant ist das dazugehörige Freilichtmuseum. Am Ortsrand von Theuern befinden sich Gebäuderekonstruktionen mit originaler Betriebseinrichtung eines mit Wasserkraft angetriebenen Eisenhammerwerkes, einer Spiegelglasschleiferei und einer Getreidemühle. Der Bergbau soll künftig an einer Grubenanlage demonstriert werden. Weitere Ausbauten sind geplant.

🚌 Regensburg, Amberg, Burglengenfeld.

⌂ ,,Zur Schmiede", ,,Raab".

Die Stadt **Amberg* (s. S. 24), 63 km, ist Wendepunkt der Route. Der Rückweg geht über *Ursensollen* nach Kastl. Von

Kastl (430 m; 2800 Einw.), 83 km, erblickt man als erstes den trutzig aufragenden Turm der ehemaligen Reichsburg und späteren *Benediktinerabtei* (gegründet 1098). 1129 wurde die romanische **Klosterkirche* erbaut, eine dreischiffige

Kastl im Lauterachtal

Basilika mit mächtigem fünfstöckigen Turm, westlicher Vorhalle und östlichen Apsiden. Das Tonnengewölbe im Chor ist eines der ältesten in Süddeutschland. Die Hochschiffwände und Arkaden werden abwechselnd von runden und rechteckigen Säulen getragen. Über ihnen verläuft ein gemalter Fries mit dem Wappen der Stifter und Gönner des Klosters. In der gotischen Vorhalle befinden sich zahlreiche alte Grabsteine, vier davon stammen aus dem 16. Jahrhundert von Loy Hering. Das ehemalige Klostergebäude beherbergt seit 1958 ein von Benediktinern geführtes ungarisches Gymnasium mit Internat. Der Ort hat sich um die Klosterburg gebildet.

Inf.: Marktgemeindeverwaltung, Tel. (0 96 25) 2 79 und 3 29.
🚌 Amberg, Neumarkt.
⌂ ,,Zum Roten Ochsen", ,,Schwarzer Bär", ,,Burgschänke". – ⛱.

Man durchfährt nun das reizvolle *Lauterachtal* in Richtung Schmidmühlen. Anfangs ist es so eng, daß neben dem sich dahinschlängelnden Fluß und der Straße nur ein schmaler Wiesenstreifen Platz hat. So gibt es auch keine größeren Orte. Erst ab *Ransbach* weitet sich der Talgrund immer mehr. Über *Allersburg* (gotische Kirche) erreicht man

Hohenburg (388 m; 1500 Einw.), 97 km, mit seiner *Burgruine* auf steilem Felsrükken, einst Stammsitz der Markgrafen von Hohenburg. Die Anfänge der Burg dürften bis um die Jahrtausendwende zurückreichen (Burgbesichtigung möglich). Der Ort in seiner Geschlossenheit vermittelt das typische Bild eines alten oberpfälzischen Marktes. Häuser mit hohen spitzen Giebeln säumen die Straße. Das um 1560 im Renaissancestil erbaute, viergeschossige *Rathaus* bekam 1720 bei einem Umbau einen Volutengiebel aufgesetzt. Es wird zur Zeit saniert.

🚌 Amberg.
⌂ ,,Alte Post".

In *Stettkirchen* (⌂ ,,Burggarten") liegt direkt an der Straße eine kleine Wallfahrtskirche mit sehenswerter barocker Einrichtung. In *Schmidmühlen,* 107 km, überqueren wir die *Vils* und fahren nach

Burglengenfeld (345 m; 10 000 Einw.), 118 km, dessen Wahrzeichen die Reste der hochgelegenen gewaltigen **Burg* aus dem 11. Jahrhundert mit 28 m hohem Bergfried sind (Besichtigung nach Anmeldung möglich). Teile der Ringmauer umschließen weitere Türme: den wuchtigen *Sinzhofer-* oder *Friedrichsturm* und den *Pulverturm* (12. Jh.), desgleichen das ursprünglich gotische *Zeughaus.*

Burglengenfeld – Geburtsort des Barockbaumeisters *Johann Michael Fischer* – 1542 zur Stadt erhoben, besitzt an weiteren Sehenswürdigkeiten das idyllische *Altmannsche Schlößchen* (16. Jh.) am Burgberg, das *Rathaus,* ein hochgiebeliger Bau um 1600, die *Stadtpfarrkirche St. Veit* (18. Jh.) mit Rokokoausstattung und das *Oberpfälzer Volkskundemuseum.*

Inf.: Stadtverwaltung, Tel. (09471) 18-0.
🚌 Schwandorf, Regensburg, Maxhütte-Haidhof, Amberg.
⌂ ,,Bayerischer Hof", ,,Gerstmeier", ,,Burgblick", ,,Kammerer". – 🏊, ⛱.

Im *Naabtal* fahren wir über *Kallmünz* nach *Heitzenhofen,* überqueren dort den Fluß und erreichen nach 5 km die **Burg Wolfsegg.* Sie erhebt sich auf steilem Felskegel mitten im gleichnamigen Dorf und macht mit den wuchtigen Mauern und kleinen Fensteröffnungen einen trutzigen, verschlossenen Eindruck. 1358 erstmals als Eigentum des Markgrafen Ludwig von Brandenburg genannt, ist sie heute Privatbesitz (samstags und sonntags Führungen).

Südostwärts, durch den *Schwaighauser Forst* fahrend, erreicht man über *Lappersdorf* wieder ***Regensburg,* 140 km.

Route 4: Sulzbach-Rosenberg–Hirschbach–Auerbach–Vilseck–Schnaittenbach–Freudenberg–**Amberg– Sulzbach-Rosenberg (152 km)

Inmitten einer abwechslungsreichen Landschaft von sanften, waldreichen Juraausläufern liegt der Ausgangsort dieser Rundfahrt, die einstige Hauptstadt und Residenz des selbständigen Herzogtums Sulzbach, die Erz- und Eisenstadt

Sulzbach-Rosenberg (428 m; 18 000 Einw.). Schon im 14. Jahrhundert wurde hier nach Erz geschürft; bis zum 16. Jahrhundert brachte der Erzbergbau Reichtum und Blüte. 1864 wurde in der *Maxhütte* nahe den Erzfeldern in Rosenberg der erste Kokshochofen angeblasen. Er war die Keimzelle von Süddeutschlands größtem Hütten- und Eisenwerk. Vom 17. bis 19. Jahrhundert hatte Sulzbach auch große Bedeutung als Druck- und Verlagsort. 1934 schloß es sich mit seiner Nachbarstadt Rosenberg zusammen.

Sulzbach-Rosenberg: Rathaus

Der Ort liegt terrassenförmig auf einem Höhenrücken des Jura, überragt von dem aus einer Herzogsburg (Gebhardsburg) aus dem 11. Jahrhundert hervorgegangenen *Schloß*. Der Palas wurde 1582 von Herzog Ottheinrich II. als Residenz errichtet. Die übrigen Bauten stammen aus den Jahren 1618–1620 und aus dem 18. Jahrhundert. Das Schloß beeindruckt heute nur noch in seiner Gesamtanlage, da die Räume oft umgebaut und ihrer alten kostbaren Einrichtung beraubt wurden.

Unterhalb des Schlosses liegt der Marktplatz, der von der katholischen Pfarrkirche und dem schönen gotischen *Rathaus* beherrscht wird. Letzteres ist ein Bau aus der Zeit um 1400 mit prächtiger Giebelfront. Über dem gotischen Portal ragt ein flacher dreiteiliger Erker vor. Darüber erhebt sich auf zierlichem Gesims der hohe Giebel, dessen Staffelung durchbrochen und mit kleinen Fialen bekrönt ist. Über der Uhrrosette prangt das pfalzbayerische Wappen. Hinter dieser reizvollen Front liegen der Saalbau und der Ratsstubenbau.

Die *Pfarrkirche Mariae Himmelfahrt,* die schon im 13. Jahrhundert erwähnt wird, ließ Kaiser Karl IV. (er machte nach seiner Heirat mit Anna von der Pfalz die Stadt von 1353–1373 zur Hauptstadt von Neuböhmen) mit dem langgestreckten Ostchor erweitern. Der Langhausneubau entstand 1412. Das Innere ist eine dreischiffige, gewölbte Raumanlage mit einem Hochaltarbild von Hans Georg Asam (1710), sehenswertem Taufstein des 15. Jahrhunderts und zwei spätgotischen Schnitzfiguren: in der Südvorhalle (um 1480) und auf dem linken Seitenaltar (um 1490). Unter dem Chor befindet sich die 1656 eingeweihte Grablege der Herzöge von Pfalz-Sulzbach. Die Kirche diente von 1652–1958 sowohl dem evangelischen als auch dem katholischen Gottesdienst. Erst nach Auflösung des Simultaneums wurde die evangelische *Christuskirche* gebaut (1955–1958). Sie ist ein Saalbau mit einer Emporenanlage und moderner Inneneinrichtung.

Beim weiteren Stadtrundgang stößt man noch auf Reste der im 14. Jahrhundert angelegten *Stadtummauerung* und findet man einige sehr schöne alte Bürgerhäuser mit hohen Treppengiebeln und reizvollen Erkern – letzte Zeugen der Blütezeit Sulzbach-Rosenbergs. Sehenswert sind auch das erste *Bayerische Schulmuseum*, das *Literaturarchiv* und das *Heimatmuseum.*

Östlich der Stadt erhebt sich auf dem Annaberg die *Wallfahrtskirche St. Anna* (17.–18. Jh.), umgeben von einem Kranz alter Linden.

Inf.: Stadtverwaltung, Bühlgasse 5, Tel. (0 96 61) 51 01 10.
Nürnberg, Amberg.
Amberg, Auerbach.
„Bayerischer Hof", „Sperber-Bräu", „Kreuzerwirt", „Am Forsthof". – , .

Man fährt nun auf der B 85 etwa 4 km in Richtung Amberg und biegt dann rechts in das romantische *Ammertal* ab nach

Oberammerthal (443 m; 570 Einw.), 8 km. Im 10. Jahrhundert war es bedeutender Ort des Nordgaus. Nur noch die beiden Kirchen sind Zeugen einer alten Siedlung. Die *Frauenkirche* (einstige Burgkirche) ist ein frühromanischer Bau (940–1000); Turm, Chor und Sterngewölbe fügte die Gotik hinzu. Sehenswert sind die Steinkanzel sowie ein Steinsockel mit Baldachin (15. Jh.) und wertvolle Grabmäler. Die *Pfarrkirche St. Nikolaus,* ebenfalls ein romanischer Bau, stammt aus dem 12. Jahrhundert. Der Turm ist im Unterbau romanisch, er wurde in gotischer Zeit erhöht. Das Langhaus, um 1800 verlängert, blieb mit seiner schönen barocken Einrichtung bei der Erweiterung der Pfarrkirche 1971 als Nebenkapelle erhalten. Sein romanisches Portal mit zwei Löwen wurde zu einem Kriegerdenkmal umgestaltet. Gegenüber der Kirche steht das hochgiebelige, mit einem Erker geschmückte *Hofmarkschlößchen* (16. Jh.).

Über *Götzendorf* erreicht man durch ein waldreiches Wiesental

Illschwang (500 m; 1600 Einw.), 17 km, erstmals 1086 genannt. Hier fällt der hohe Kirchturm auf, ein fünfgeschossiger romanischer Bau, der mit den Chormauern noch aus dem 12. Jahrhundert stammt. Er gehört zur *St. Veitskirche.*

Amberg, Sulzbach-Rosenberg.

„Nägerl“, „Reiff“ (Pesensricht). –

Auf dem Wege nach Weigendorf machen wir einen Abstecher nach *Fürnried* (Gemeinde Birgland), das, eingebettet in einen Kranz von Hügeln, stolz den Titel „Schönstes Dorf der Oberpfalz“ trägt. 1974–1986 wurde es mehrfach preisgekrönt. Ein zweiter Abstecher folgt dem Wegweiser zur *Burg Lichtenegg,* von deren Ruine nur noch spärliche Bruchsteinmauerreste vorhanden sind. Doch die Aussicht ins Sulzbacher Land mit seinen sanft geschwungenen Höhen und stillen Tälern ist zauberhaft.

Weigendorf, Etzlwang (Freibad) mit dem 2 km entfernten *Schloß Neidstein* und *Rupprechtstein* sind bekanntgeworden durch ihre schöne Umgebung und die vielen Wandermöglichkeiten.

Bei *Hirschbach* (384 m; 1200 Einw.; Freibad), 37 km, am Fuße des Kletterge-

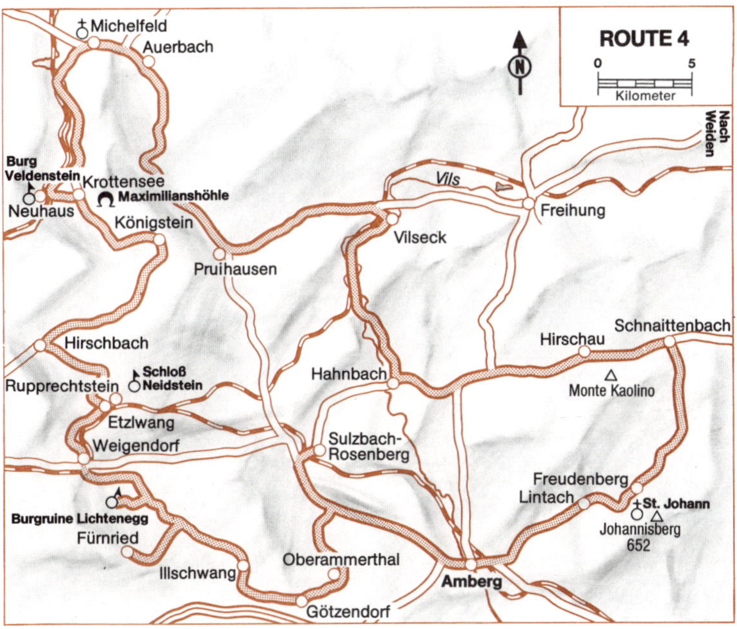

biets „Schwarzer Brand" erreicht man das *Hirschbachtal,* in dem sich fränkische und oberpfälzische Bauweise mischen, und fährt weiter nach

Königstein (500 m; 1600 Einw.), 48 km. Am Marktplatz laden fast nebeneinander mehrere schöne Gasthäuser zur Rast ein. Eine anschließende Wanderung auf die den Ort umgebenden Berge, auf den *Ossinger* (651 m) mit seinem Aussichtsturm, den *Breitenstein* (612 m) mit seiner historischen Burgkapelle und Burgruine oder den *Steinberg* (606 m) mit seinen wild zerklüfteten Felspartien ist zu empfehlen.

Inf.: Verkehrsverein, Tel. (0 96 65) 14 96.

Amberg, Auerbach, Hersbruck.

„Wilder Mann", „Königsteiner Hof", „Reif", „Post", „Rößlwirt". –

Die Fortsetzung der Route führt nach *Krottensee* zur **Maximilianshöhle,* einer Tropfsteinhöhle, die neben vielen anderen phantastischen Tropfsteingebilden den größten Tropfstein Deutschlands besitzt: den 5 m hohen „Eisberg". Die Höhle ist 1200 m lang.

Hinter Krottensee sieht man schon bald die *Burg Veldenstein* über *Neuhaus an der Pegnitz* aufragen (Besichtigung möglich). Durch den Veldensteiner Forst kommt man nach

Michelfeld (406 m; 1340 Einw.), 65 km, mit seinem sehenswerten 1119 gegründeten ehemaligen *Benediktinerkloster* mit guterhaltener Ringmauer, Verteidigungstürmen, Torturm und großer Ökonomie – ein Beispiel einer alten Wehrklosteranlage, die auch die ehemalige **Klosterkirche* umschloß. Diese ist ein 1697 nach Plänen von Wolfgang Dientzenhofer erstellter Barockbau, eine Wandpfeileranlage in prächtiger Ausstattung mit Stuck, Gemälden und Altären der Brüder Asam.

Auerbach (435 m; 8600 Einw.), 68 km, 1008 erstmals genannt und 1314 als Stadt bezeichnet, gelangte durch seine Lage an der alten Handelsstraße Nürnberg–Eger und durch seine Erzvorkommen zur Blüte. Die ehemals völlig umfriedete Stadtanlage zeigt den für die Oberpfalz häufigen Typus des Ortszentrums: ein freistehendes *Rathaus* (1418) in der Mitte eines langgestreckten Straßenmarktes. Über dem Rundbogenportal des Rathauses erscheint der Auerbacher Ochse im Wappen und daneben noch einmal als Steinrelief.

Hinter dem Rathaus erhebt sich die 1682 von Georg Dientzenhofer barockisierte *Pfarrkirche St. Johann Baptist* von 1445, deren gotischer Turm einen Umgang und eine barocke Laternenkuppel besitzt. Sie ist eine schlichte, emporenbesetzte Wandpfeileranlage mit großem Hochaltar (um 1785), spätgotischen Schnitzfiguren (um 1500) und einem Taufstein von 1525.

Am benachbarten Kaufhaus *Auerbachs Keller* erinnert eine Gedenktafel an den hier geborenen Arzt Dr. Heinrich Stromer, der zu Beginn des 16. Jahrhunderts in Leipzig Universitätsrektor wurde. Er war ebenso erfolgreich als Arzt wie als Weinhändler und Weinwirt. Nach seiner Heimatstadt nannte er seinen Weinkeller, der auch in Goethes „Faust" als Auerbachs Keller verewigt ist. Sehenswert sind noch die *Spitalkirche* mit drei Rokokoaltären und die *Friedhofskapelle St. Helena* mit Deckenbemalung.

Pegnitz, Pressath, Neuhaus, Nürnberg, Grafenwöhr, Amberg.

„Goldner Löwe". – „Federhof", „Schwan", „Wilder Mann". – , .

Man setzt die Fahrt nun in südlicher Richtung auf der B 85 fort und biegt 15 km südlich bei *Pruihausen* ostwärts ab nach

Vilseck (400 m; 5500 Einw.), 91 km, einem malerischen Ort, der 1331 Stadtrecht erhielt. Von der aus dieser Zeit stammenden Stadtummauerung blieben nur das *Obere-* oder *Vogeltor* und das *Weihertor* erhalten. Weitere historische Gebäude sind das ehemalige *Schloß,* eine bischöflich-bambergische Gründung des 12. Jahrhunderts, mit Anbauten aus dem 15. und 18. Jahrhundert und dem altem

Vilseck: Vogeltor

Bergfried (14. Jh.), sowie die spätgotische *Stadtpfarrkirche St. Aegidius* (Langhaus 1751–1753) mit dem im Untergeschoß romanischen Turm, dem spätgotischen Chor und Turmaufbau. Die Inneneinrichtung zeigt Barock- und Rokokostil.

Inf.: Stadtverwaltung, Marktplatz 13, Tel. (0 96 62) 3 91.
Weiden, Neukirchen.
Amberg, Weiden.
„Turmhotel".
„Zum Hirschen", „Brauerei Hammer". –

Hahnbach (385 m; 4600 Einw.), 102 km, an der Vils, 1121 erstmals genannt, hat sein altertümliches Aussehen ziemlich bewahren können. Ein mittelalterliches Markttor, behäbige Häuserfronten und die spätgotische *Pfarrkirche St. Jakob* sind das Erbe einer weit zurückreichenden Vergangenheit. St. Jakob ist eine große dreischiffige Kirche des 15. Jahrhunderts mit schöner Innenausstattung im Rokokostil. Hinter dem Hochaltar befinden sich wertvolle Fresken aus der Zeit von 1450–1500. Aus dem 16. Jahrhundert stammt der Taufstein und von 1434 die Sakramentsnische an der Evangelienseite des Hochaltars.

Amberg.
„Ritter". –

Das Wahrzeichen des Hirschau-Schnaittenbacher Gebietes sind die hohen Abraumhalden Deutschlands größter Kaolinwerke. Teilweise schon aufgeforstet, leuchten sie aus den dunklen Waldteilen hervor. Wir sind im „Land der weißen Erde". Die Hauptattraktion ist der etwa 100 m hohe *Monte Kaolino*. Sein schneeähnlicher Kaolinsand erlaubt auch als Besonderheit im Sommer das Skifahren. In

Hirschau (430 m; 5800 Einw.), 113 km, sind sehenswert: das stattliche *Rathaus* (16. Jh.), das mit seinem schönen Treppengiebel freistehend den Marktplatz beherrscht, und die alte *Pfarrkirche Mariae Himmelfahrt* (15. Jh.), eine gotische Anlage mit herrlichen Schnitzfiguren (um 1520) am Hochaltar und einem Epitaph (1593) aus der Schule Loy Herings. In der *Liebfrauenkapelle* findet man einen Rokokoaltar mit schöngeschnitztem Antependium um 1750 und eine steinerne Madonna (15. Jh.).

Amberg, Weiden.
„Schloß-Hotel", „Weich", „Goldener Hirsch", „Josefshaus", „Schmalzl" (Ehenfeld). – . –

Schnaittenbach (409 m; 4100 Einw.), 117 km, urkundlich 1368 als Markt genannt, besitzt ein *Rathaus* aus dem 17. Jahrhundert und die sehenswerte *Pfarrkirche St. Vitus*. Sie wurde 1384 erstmals erwähnt. Der heutige Bau stammt in seinem Kern aus dem Jahre 1713. Aus der alten Kirche sind Marmorepitaphien erhalten. Auf dem Seitenaltar steht eine kostbare Madonnenskulptur aus dem 15. Jahrhundert.

Amberg, Weiden.
„Haas". – . –

Hinter Schnaittenbach nimmt man zunächst die nach Kemnath ausgeschilderte Straße, biegt aber dann an der Straßengabelung nach rechts ab und fährt durch liebliche Landschaft nach

Freudenberg (500 m; 3700 Einw.), 127 km. In der *Pfarrkirche,* die noch in die romanische Zeit (Turm) zurückreicht, erinnern einige Grabsteine an das Geschlecht derer von Freudenberg, das hier ansässig war. Bemerkenswert sind auch der romanische Taufstein und zwei bemalte Holzfiguren: St. Nikolaus und St. Blasius (um 1500).

Inf.: Gemeindeverwaltung, Tel (0 96 27) 2 59.
Amberg.
„Hammermühle".
„Dotzler", „Wagner". –

Südlich von Freudenberg erhebt sich links der Straße der *Johannisberg,* der als heiliger Berg früher Mittelpunkt des gesamten Gebietes war. Man erkennt noch eine umfangreiche vorgeschichtliche Anlage mit einem Zangentor. Alt ist auch die Wallfahrt zu *St. Johann* auf der Bergeshöhe. Die jetzige Kirche ist ein Bau des 17. Jahrhunderts mit Kassettendecke und Holzältären. Der Weg dorthin führt durch Mischwälder und ist zu Fuß zu machen.

Es geht weiter nach

Lintach (447 m), 131 km, mit dem *Alten Schloß,* dessen Giebelfront ein Turm betont (16. Jh.), dem *Neuen Schloß* aus dem 17. Jahrhundert, einer schlichten Dreiflügelanlage, und der *Pfarrkirche* (1735) mit einem älteren Turm (um 1500) und prächtigen Stukkaturen des frühen Rokoko sowie Holzfiguren aus der Zeit um 1500. – „Schloßbräu".

Letzte Station unserer Rundreise ist **Amberg* (s. S. 24), 138 km. Auf der B 85 kehrt man nach *Sulzbach-Rosenberg,* 152 km, zurück.

Route 5: **Regensburg–Wörth–Falkenstein–Roding–Nittenau –**Regensburg (120 km)

Dieser Tagesausflug, bei dem Liebhaber der Natur und Kunst gleichermaßen zu ihrem Recht kommen, führt uns in das Gebiet östlich von ***Regensburg.*

Die Stadt auf der Donaustaufer Straße verlassend, erblickt man die Ausläufer des Bayerischen Waldes mit dem Donaustaufer Burgberg und der dahinterliegenden weiß leuchtenden Walhalla.

Der *Burgberg* wird von einer bis in das 10. Jahrhundert zurückgehenden *Burgruine* gekrönt, einst Sitz der Regensburger Bischöfe. Sie war eine umfangreiche Anlage mit starker Befestigung, die 1634 von den Schweden zerstört wurde.

Man durchfährt den Ort

Donaustauf (340 m; 3400 Einw.), 9 km, und biegt bei der *St. Salvatorkirche* zur Auffahrt und einem Parkplatz an der ***Walhalla* ein (gut beschildert). Der sportliche Ausflügler kann auch geradeaus bis zum Fuße der Walhalla fahren und die 240 Stufen emporsteigen. Vor uns liegt ein Marmortempel, dem Parthenon in Athen nachempfunden: 52 dorische Säulen umgeben den 67 m langen und 32 m breiten Tempel. König Ludwig I. ließ ihn nach den Plänen von Leo von Klenze (1830–1842) erbauen. Er widmete ihn berühmten Deutschen, deren Büsten und Gedenktafeln die feierliche Halle zieren.

Für Wanderfreunde breitet sich hinter der Walhalla, nordöstlich von Sulzbach, der große, gut gepflegte *Thiergarten* des Fürsten von Thurn und Taxis aus. In diesem größten Wildgehege Süddeutschlands werden Rot-, Dam-, Muffel- und Schwarzwild gehalten.

Man setzt die Fahrt fort, begleitet von der Donau, vorbei am Scheuchenberg. Bei *Bach* weitet sich das Tal. Die mit zerzausten Büschen bewachsenen Hügel werden abgelöst von einigen bebauten Weinhängen, deren mühsamer und geringer Ertrag in Weinstuben in Bach und *Kruckenberg* probiert werden kann.

Wiesent (327 m; 2000 Einw.), 22 km, begrüßt uns mit dem Zwiebelturm seiner *Pfarrkirche* (18. Jh.). Das 1695 erbaute *Schloß,* ein langgestreckter Bau mit zwei runden Ecktürmen und wappengeschmücktem Portal, ist gut erhalten. – Wahrzeichen von

Wörth an der Donau (360 m; 3400 Einw.), 24 km, ist das *Schloß* (heute Seniorenheim), die ehemalige Residenz der Regensburger Bischöfe, dessen wuchtiger turmbewehrter Komplex sich auf einem freistehenden Bergrücken erhebt. Es lohnt sich, hinaufzusteigen. Den Besucher empfängt ein gut erhaltenes Burgschloß mit Burggraben und doppelter Zugbrücke. Das Haupttor stammt aus dem Jahre 1525 und wird von zwei dicken Batterietürmen flankiert. Eine Wappentafel darüber zeigt die Wappen vom Hochstift Regensburg und von Pfalz-Bayern. Der Bergfried ist noch aus dem Mittelalter erhalten. Er diente als Wohn- und später als Gefängnisturm. Im Schloß sind sehenswert der Festsaal oder Rittersaal, das sogenannte hochfürstliche Rondell mit Gewölbemalereien und Stukkaturen und das ehemalige Schlafgemach mit schöner Kassettendecke. Die *Schloßkapelle* ist ein einschiffiger Bau von 1616 mit gratigen Kreuz- und Kappengewölben auf Renaissancekonsolen.

Das um den Schloßberg herum entstandene Städtchen Wörth hat sein altes Gesicht beim großen Brand 1841 verloren. Geblieben ist die malerische Lage.

Regensburg, Cham, Straubing.
„Butz“, „Rosenhof“, „Geier“, „Pflamminger“ (Hofdorf). – . – Bayerwaldakademie mit Mal- und Zeichenkursen.

Man fährt nun zurück nach Wiesent und nimmt die Straße nach Frauenzell, die durch typische „Vorwaldlandschaft“ führt. Auf sanften Hügeln finden sich Felder, Wiesen und dunkle Kiefernwälder nebeneinander. In einem sich öffnenden Tal liegt

Frauenzell (520 m; 300 Einw.), 32 km, mit seinem ehemaligen *Benediktinerkloster.* Ein Geviert umgibt den Klosterhof. Beherrschend ist die schön restaurierte **Klosterkirche Mariae Himmelfahrt.* Neben der geschwungenen Barockfassade erhebt sich der massige, dunkle, aus Quadersteinen gefügte Turm des mittelalterlichen Gründungsbaus. Am Neubau von 1747 waren die Brüder Asam beteiligt. Das in strahlender Helle gehaltene Oval des Innenraums ist von heiterem Rokokoglanz erfüllt. Eleganter Stuck sammelt sich am Rande der Gewölbe: Kartuschenwerk, Zweige und Vasen in zarten Farben. Darüber farbenfrohe

Deckengemälde von Otto Gebhard (1752). Als Kontrast ist der Hochaltar in reinem Weiß und Gold gehalten. In die Harmonie des Raumes fügt sich die Kanzel, eine wertvolle Schnitzarbeit aus dem späten 17. Jahrhundert. Bald taucht

Brennberg (652 m; 1500 Einw.), 35 km, mit seiner malerisch gelegenen *Burgruine* (mit Aussichtsturm) auf. Nur noch Reste der 1379 in Ober- und Unterbrennberg aufgeteilten stattlichen Anlage sind erhalten: Teile von Bering und Wohnbauten (z. T. 18. Jh.).

⌂ ,,Hirschberger", ,,Am Sonnenhang".

Falkenstein (627 m; 3000 Einw.), 44 km, bietet eine mit viel Sorgfalt restaurierte **Burg.* Weithin sichtbar liegt sie auf der höchsten Stelle eines Granitkegels, dessen mit mächtigen und bizarren Steinblöcken übersäte Hänge sich durch urwaldartigen Baumbestand auszeichnen. Die Burg selbst ist schon im 11. Jahrhundert entstanden und war ein Lehen der Regensburger Bischöfe. Oftmals ihre Besitzer wechselnd, von Hussiten und Schweden berannt und beschädigt, erhielt sie im 17. und 18. Jahrhundert mehrere An- und Umbauten und war seit 1826 im Besitz der Fürsten von Thurn und Taxis, die sie 1967 der Gemeinde übergaben. Nunmehr wird die Burg als ,,Haus des Gastes" genutzt.

Ein gewölbter Torgang führt zum inneren Burghof, um den sich die Anlage mit mächtigen quadratischen Bergfried, Schloßkapelle und Wohn- und Wirtschaftsgebäuden gruppiert. Eine Führung zeigt die Innenräume. Die Burg birgt auch ein *Jagdmuseum.* Der zinnenbewehrte Bergfried bietet eine herrliche Rundsicht auf die Berge des Vorwaldes.

Inf.: Verkehrsamt, Tel. (0 94 62) 2 44 und 12 88.

Cham, Regensburg.

⌂ ,,Zur Post", ,,Schröttinger", ,,Schwarz", ,,Burgpension", ,,Pension Maria". – . – Natur-Felspark.

Im Mietnachtal und über die B 16 kommt man nach

Roding (370 m; 10 000 Einw.), 59 km, der ältesten Landstadt der Oberpfalz, bereits 844 urkundlich erwähnt. Die Spuren dieser jahrhundertealten Vergangenheit sind aber längst verwischt. Kriegseinfälle und Feuersbrünste zerstörten wiederholt das Stadtbild. Nur noch Reste der spätmittelalterlichen *Stadtmauern* mit halbrunden Türmen sind erhalten. Am Marktplatz erhebt sich der Renaissancebau des *Rathauses,* ein dreigeschossiger Bau mit schönem Portal und geschwungenem Giebel, auf dem ein barocker Glockenturm sitzt. Das Stadtbild beherrscht der mächtige, barocke Kuppelturm der *Stadtpfarrkirche St. Pankratius,*

5

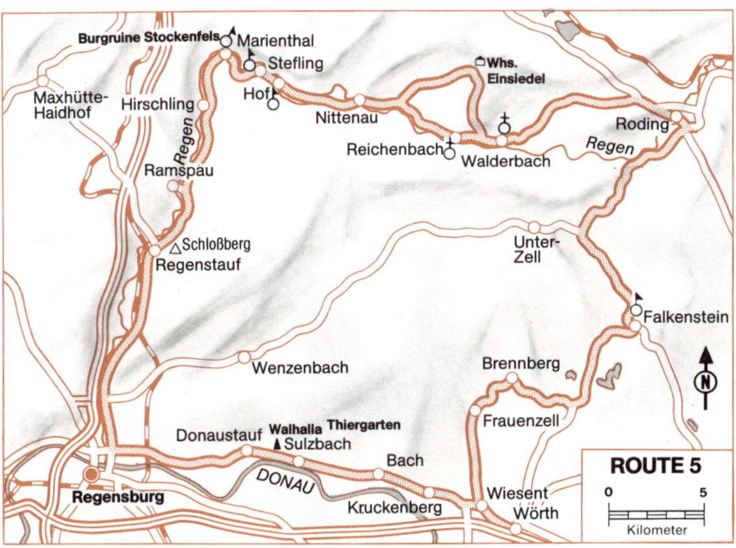

in der eine Steinmadonna von 1320 und ein Taufstein aus romanischer Zeit zu finden sind. Sehenswert ist auch die *Josefikapelle* mit den erst 1950 freigelegten Fresken der Spätromanik und frühen Gotik. – Zur Stadt Roding gehören die *Wallfahrtskirche Heilbrünnl* (1730) am nördlichen Regenufer und der *Neubäuer Weiher* mit dem ADAC-Feriendorf und einem großen Erholungsgelände mit Waldlehrpfaden, Segelmöglichkeiten u. a.

Inf.: Stadtverwaltung, Schulstraße, Tel. (0 94 61) 10 66.
🚗 Cham, Schwandorf.
🚌 Regensburg, Cham.
🏨 „Hotel am See" (Neubäu), „Brantl", „Blümelhuber", „Zwicknagel" (Neubäu).
⌂ „Greiner", „Hecht" (Mitterdorf). – ⛺. 🏊, ⛵.

Im Tal des *Regens* erreicht man

Walderbach (300–350 m; 1700 Einw.), 73 km, mit dem ehemaligen *Zisterzienserkloster* (mit Heimatmuseum) und seiner romanischen **Klosterkirche* aus dem 12. Jahrhundert. Die barocken Veränderungen – der Chor, der elegante Zwiebelhaubenturm und die breiten Langhausfenster – stammen aus dem 17. und 18. Jahrhundert. Von der Vorhalle führt ein romanisches Rundbogenportal ins Mittelschiff, das rundbogige Arkaden von den Seitenschiffen trennen. Farbige, geometrisch phantasievolle Ornamente überziehen die Gewölberippen und -gurte. Walderbach verlassend, erblickt man schon die Türme des ehemaligen Benediktinerklosters in

Reichenbach (386 m; 1200 Einw.), 75 km, das mauerumgürtet auf einer Bergzunge oberhalb des Regentals steht. 1118 wurde die Klosteranlage gegründet, die seit 1891 eine Pflegeanstalt für Behinderte beherbergt. Die *Klosterkirche* ist eine dreischiffige romanische Basilika (um 1130) mit zwei Osttürmen, deren Giebel und Pyramidenhelme jedoch, wie der Chor, aus gotischer Zeit stammen. Wie die Fensterfronten des Langhauses verraten, hat die Barockisierung einiges verändert. Im Inneren schmückt reicher Stuck Gewölbe und Wände. Farbenfroh sind die Fresken des Regensburgers Andreas Gebhard. Sehenswert sind auch das Stiftergrab des Markgrafen Diepold II. (1304) und eine Sandsteinmadonna von 1420.

Auf halbem Wege zwischen Reichenbach und Walderbach führt links eine grünbeschilderte Straße ab zum „Waldhaus Einsiedel" mit Kinderspielplatz und Wildgehege. – ⛺.

Nittenau (350 m; 7400 Einw.), 84 km, das 1007 erstmals urkundlich erwähnt wurde, hat noch Reste einer turmbewehrten *Ringmauer* vorzuweisen. Die Stadt wurde mehrmals durch Kriegseinfälle (Hussiten, Schweden) und durch Brände zerstört. Am bewohnten *Storchenturm* erkennt man vier eingemauerte Kanonenkugeln, die zusammen mit einer Gedenktafel an einen Sieg des napoleonischen Marschalls Davoust über die Österreicher unter Erzherzog Karl 1809 erinnern. Die *Pfarrkirche Unsere Liebe Frau* hat einen schönen modernen Neubau bekommen. Der gotische Chor und der Turm mit seiner barocken Kuppel blieben erhalten.

Inf.: Verkehrsamt, Marktplatz, Tel. (0 94 36) 5 79.
🚌 Regensburg, Roding.
⌂ „Pirzer", „Jakob", „Aumüller", „Amann". – ⛺. – ⛵. Haus des Gastes.

Hinter Nittenau verbreitert der Regen sein Bett, und mehrere Burgen säumen das Flußtal. Zunächst die *Burg Hof* – links auf steilem Granitfels, aus dem 12.–15. Jahrhundert, mit interessanter, romanischer Burgkapelle und romanischem Wohnturm. Dann folgt die *Burg Stefling* aus dem 10. Jahrhundert, restauriert 1748, Privatbesitz. Am Regenknie bei *Marienthal,* 92 km, wo der Fluß seine Richtung von Nordwesten nach Süden ändert, liegt über dem jenseitigen Ufer (Fährbetrieb) auf hohem Felsen die *Burgruine Stockenfels,* die im 13. Jahrhundert erbaut und im Dreißigjährigen Krieg zerstört wurde. Der Sage nach treiben hier um Mitternacht die Geister von Bierpanschern ihr Unwesen.

In *Hirschling,* 96 km, erblickt man am jenseitigen Ufer ein reizendes mittelalterliches Schlößchen mit Stufengiebel und Türmchen, in *Ramspau,* 102 km, eine zweigeschossige barocke Schloßanlage mit vier Flügeln und vier Eckzwiebeltürmen (um 1700). In

Regenstauf (334 m; 13 000 Einw.), 106 km, empfiehlt sich zum Abschluß der Fahrt noch ein Blick vom Aussichtsturm des Regenstaufer *Schloßberges* (436 m): im Süden sieht man bis nach Regensburg, im Westen bis nach Kallmünz und im Nordwesten bis nach Burglengenfeld.

🚗 Regensburg, Schwandorf.
🚌 Regensburg, Amberg, Schwandorf, Waldmünchen.
⌂ „Schild", „Hamperl", „Groß".

Die B 15 führt zurück nach ***Regensburg,* 120 km.

Route 6: Cham–Kötzting–Lam–Furth im Wald–Waldmünchen–Rötz–Stamsried–Cham (124 km)

In dem von Regen und Chamb geschaffenen Becken – der sogenannten Cham-Further-Senke – liegt am Hang des Katzberges die Kreisstadt

Cham (375 m; 16 500 Einw.). Sie wird von drei Seiten vom Regen umflossen. Erstmals 976 urkundlich genannt, lag ihre Befestigung mit einer starken Reichsburg auf dem Galgenberg. Die Burg war Sitz der Markgrafen von Cham-Vohburg und beherrschte die strategisch wichtige Cham-Further-Senke. Ludwig der Kelheimer gründete um 1220 das heutige Cham, das 1293 Stadtrecht erhielt. Vom alten Mauerring sind noch der viereckige *Straubinger Turm* – einst Gefängnis der Stadt – und das von wuchtigen Rundtürmen flankierte Burgtor (14. Jh.) vorhanden, das *Biertor* genannt wird, seitdem das nahe ehemalige Stadtschloß als Brauerei genutzt wird.

Cham: Biertor

Die meisten historischen Bauten wurden durch den Dreißigjährigen Krieg, den Österreichischen Erbfolgekrieg und durch Brände zerstört. Am Marktplatz findet man noch das *Rathaus,* das in seiner Urform aus dem 15. Jahrhundert stammt, mit schönem Treppengiebel und Erker (Heimatmuseum) und die ehemalige *Fürstenherberge* (heute Café Krone), ein zweigeschossiger spätgotischer Baublock mit Zinnenbekrönung aus dem 16. Jahrhundert. Alles wird überragt von der *St. Jakobskirche* mit ihrer geschwungenen Zwiebelhaube. Die Fundamente der Kirche stammen aus dem 13. Jahrhundert, ihr Chor aus dem 14. Jahrhundert. Die Gestalt des Langhauses wurde oft verändert. Das Innere überrascht mit seiner festlichen barocken Ausstattung, seinem feinen Rokokostuck und zwei Deckengemälden von Johann Gebhard (um 1750). Die spätgotische *Spitalkirche* wurde 1750 barockisiert.

Ein berühmter Sohn der Stadt war *Graf Nikolaus von Luckner* (1722 – 1794), Marschall von Frankreich und Vertrauter König Ludwigs XVI. Er starb unter der Guillotine. Ihm wurde die Marseillaise gewidmet.

Inf.: Fremdenverkehrsamt, Rosenstr. 1, Tel. (0 99 71) 49-0.
Nürnberg–Furth i. W., Straubing, Lam, Gotteszell, Waldmünchen.
Nach allen Richtungen.
„Randsberger Hof".
„Eder", „Ratskeller", „Neue Post", „Käsbauer". – . – , .

Man verläßt Cham auf der B 85 in Richtung Kötzting und sieht oberhalb von *Chameregg* den 22 m hohen *Ödenturm,* einen Rest des Bergfrieds der einstigen Burg Chameregg (12. Jh.).

Chammünster, 4 km, einstmals Urpfarrei des oberen Bayerischen Waldes und Sitz eines Erzdekans, wurde schon im 8. Jahrhundert von den Benediktinern aus St. Emmeram in Regensburg gegründet. Die doppeltürmige dreischiffige **Pfarrkirche Mariae Himmelfahrt* stammt aus dem 15. Jahrhundert, nur Chor und Nordturm gehören dem 13. Jahrhundert an. Im 18. Jahrhundert erhielt sie ihre heutige Ausstattung, darunter den prächtigen Hochaltar. Aus romanischer Zeit sind zwei Taufbecken erhalten (Christus mit den zwölf Aposteln im Hochrelief, 12. Jh.). Die einstige Bedeutung der Kirche beweisen die zahlreichen Grabplatten. Auf dem Friedhof steht das Untergeschoß eines *Karners* aus dem 12. Jahrhundert mit Tausenden von Totenschädeln und Knochen; darüber das 1965 neu erbaute Leichenhaus. – „Ödenturm".

Bei *Chamerau* kann man einen Abstecher zur *Burgruine Runding* (5 km) machen, die 800 Jahre lang die größte und stärkste Burganlage des Bayerischen Waldes war (nur geringe Mauerreste).

Vor *Miltach* mit seinem zweigeschossigen Schloß aus dem 17. Jahrhundert verläßt man die B 85 und kommt ins Tal des *Weißen Regen.* In

Blaibach (380 m; 1850 Einw.), 18 km, erheben sich in der Ortsmitte die Rokokokirche *St. Elisabeth* mit ihrem laternengeschmückten Zwiebelturm und der steile Treppengiebel des 1604 erbauten *Schlosses,* das mit viel Sorgfalt restauriert worden ist (jetzt Gasthaus). Südöstlich liegt der *Blaibacher See,* zu dem der Schwarze Regen aufgestaut worden ist.

Inf.: Verkehrsamt, Badstr. 5, Tel. (0 99 41) 83 21.
Cham, Viechtach, Lam.
Cham, Lam.
,,Schloßgasthof Rösch“, ,,Wieser“, ,,Höcherl“ (Pulling), ,,Bergbauer“. – . – . – Haus des Gastes.

Auf der Höhe über Kötzting liegt die im 18. Jahrhundert erbaute *Wallfahrtskirche Weißenregen,* die neben ihrer schönen Rokokoausstattung und dem geschnitzten Gnadenbild (14. Jh.) eine originelle Kanzel besitzt, die einem Fischerboot nachgebildet ist.

Kötzting (408 m; 6800 Einw.), 22 km, bereits im 11. Jahrhundert erwähnt, liegt in einem Talkessel, umrahmt von Haidstein, Hohem Bogen und Kaitersberg. Sein Wahrzeichen ist die Baugruppe von *Pflegamtsschloß* (15. Jh.), *Barockpfarrkirche* (mit kunstvollem Rokokohochaltar und romanischem Taufstein) und *St.-Anna-Kapelle* (17. Jh.). Sehenswert ist

Kötztinger Pfingstritt

auch das barocke *Rathaus* mit zweigeschossigem Kuppelturm. In der Oberstadt liegt die *St. Veitskirche.* Hier nimmt alljährlich der **Kötztinger Pfingstritt* ins Zellertal zur Nikolauskirche von Steinbühl seinen Ausgang (s. S. 9).

Inf.: Verkehrsamt, Herrenstr. 10, Tel. (0 99 41) 60 21 50.
Cham, Lam.
Furth i. W., Bayerisch Eisenstein, Cham.
,,Am Steinbachtal“, ,,Amberger Hof“.
,,Kollmaier“, ,,Dreger“, ,,Weixel“, ,,Bayerwaldhof“ (Liebenstein). – . – , .

Weiter geht es in den *Lamer Winkel,* ein weites Tal des Weißen Regen, das links von den Bergzügen Hoher Bogen – Osser und rechts von Kaitersberg – Arber ein-

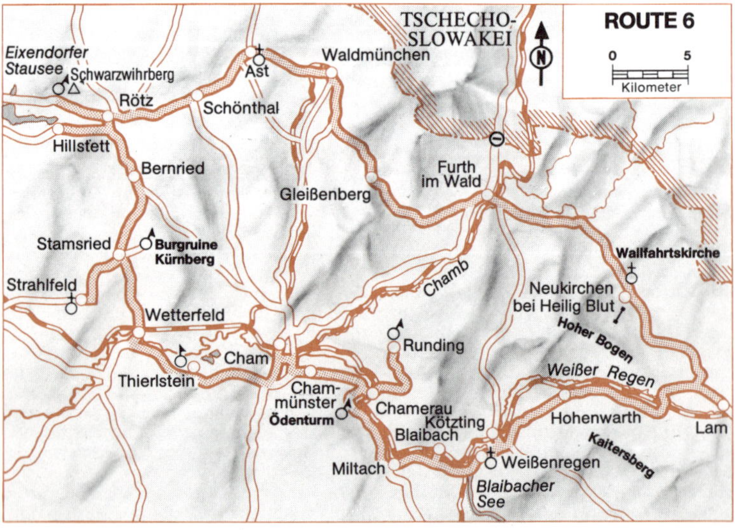

geschlossen wird, die sich am Brennessattel berühren. Für Bergfreunde gehört eine Wanderung über diese Höhen (10 Std.) zu einem ganz besonderen Erlebnis. Über den Ort *Hohenwarth* (Campingplatz mit Hallenbad) erreicht man

Lam (576 m; 3000 Einw.), 38 km, das sich am Westhang des Osser ausbreitet. Es wurde im 13. Jahrhundert durch Mönche des Klosters Rott am Inn besiedelt. Im Mittelalter wurde hier Eisen- und Silberbergbau betrieben. Heutige Einnahmequellen sind Glas- und Holzindustrie und besonders der Fremdenverkehr. Die barocke *Pfarrkirche St. Ulrich* entstand um 1700 an der Stelle einer wesentlich älteren Kirche.
Inf.: Verkehrsamt, Marktplatz, Tel. (0 99 43) 10 81 und 34 66.

Kötzting, Cham.
Furth i. W., Bayerisch Eisenstein, Cham, Viechtach.
„Steigenberger Hotel Sonnenhof".
„Bayerwald", „Zur Post", „Huber", „Zum Hirschen", „Sonnbichl", „Bräukeller", „Osserhotel" (Lohberg).
Beim Verkehrsamt zu erfragen.
Adalbert Stifter. – am Fuß des Osser. – . – Haus des Gastes.

Die Route geht nun in nordwestlicher Richtung weiter nach

Neukirchen beim Heiligen Blut (500 m; 3800 Einw.), 49 km. Dort liegt zu Füßen des Hohen Bogen im Ort eine Barockkirche mit mächtigem, von Zwiebelkuppeln gekröntem Turm und Dachreiter aus den Jahren 1718–1720. Sie vereint zwei Gotteshäuser unter einem Dach: die **Wallfahrtskirche* sowie, durch einen Baldachin-Doppelaltar getrennt, die *Klosterkirche.* Der Legende nach soll hier ein Hussit mit seinem Säbel den Kopf einer hölzernen Marienstatue gespalten haben, aus dem dann Blut floß.

Inf.: Verkehrsamt, Tel. (0 99 47) 3 30.
Furth i. W., Lam, Bayerisch Eisenstein.
„Hohenbogen", „Späth", „Multerer", „Zum Bach", „Sperl" (Mais), „Waldschlößl".
Doppelsesselbahn. Sommerrodelbahn.

Furth im Wald (410 m; 10 000 Einw.), 63 km, die östlichste Grenzstadt mit Übergang für Straße und Bahn zur Tschechoslowakei, ist unser nächstes Ziel. Bereits 1086 genannt und 1332 mit Stadtrecht ausgezeichnet, besaß sie einst eine stattliche Burg, die als Grenzfestung an der alten Völkerstraße errichtet wurde. Kriege und Brände haben die Stadt mehrmals zerstört. Sehenswert sind der heutige *Stadtturm* von 1866 *(Heimatmuseum),* die *Statue des hl. Nepomuk* auf dem Stadtplatz (1767), die *Barockpfarrkirche,* die ursprünglich aus den Jahren 1725–1727 stammt, die *Hammerschmiede* in Voithenberghütte und das *Waldmuseum* in Sengenbühl. Alljährlich im August findet auf dem Stadtplatz der **Further Drachenstich* (s. S. 9) statt.

Inf.: Fremdenverkehrsamt, Schloßplatz 1, Tel. (0 99 73) 38 13.
Nürnberg–Prag.
Bayerisch-Eisenstein, Waldmünchen.
„Hohenbogen", „Prosslhof", „Zur Post", „Kolbeck".
„Himmelreich", „Gasthof Bay", „Hofer", „Mühlberger".
. – . – , . – 2 Schlepplifte, Golfplatz. – Haus des Gastes.

Über *Gleißenberg,* 72 km, einen schön gelegenen Erholungsort (Freibad), führt der Weg nach

Waldmünchen (512 m; 7200 Einw.), 82 km, das, von Wäldern und Bergen umgeben, in einem Talkessel liegt. Im 10. Jahrhundert von Mönchen aus Chammünster gegründet, erhielt es im 13. Jahrhundert Stadtrecht. Auch hier ließen die häufigen Kriegs- und Brandkatastrophen wenig vom historischen Stadtbild übrig. Am schlimmsten war die Zerstörung 1742 im Österreichischen Erbfolgekrieg unter der Belagerung des Pandurenoberst von der Trenck, an die heute noch in den Monaten Juli und August das Festspiel *„Trenck der Pandur vor Waldmünchen"* (s. S. 9) erinnert.

6

Wallfahrtskirche Neukirchen: Gnadenbild

Das Spiel, das alljährlich im Juli und August vor der mittelalterlichen Kulisse des Schlosses stattfindet, begeistert durch die Buntheit seiner Bilder und ergreift durch die Lebendigkeit und Innigkeit der Darstellung. Aufgaloppierende Pandurenreiter, lodernde Lagerfeuer und der Sturm auf die Stadt sind wirkungsvolle Szenen dieses Volksschauspieles.

Sehenswürdigkeiten sind das *Nepomuk-Standbild* (1769) und zwei steinerne *Brunnen* (18. Jh.) auf dem Marktplatz, die *Stadtpfarrkirche St. Stephan* (1660 erbaut, oftmals zerstört, umgebaut und modernisiert), die *Spitalkirche* (1767), die *Friedhofskapelle* (1712) und das *Pflegamtsschloß* (jetzt Jugendbildungsstätte), ein dreigeschossiger Bau aus dem 15. Jahrhundert. Der nahe *Perlsee,* ein flacher Stausee, ist ein Paradies für Wassersportler.

Inf.: Städtisches Verkehrsamt, im Rathaus, Tel. (0 99 72) 2 62.
Cham.
Cham, Regensburg, Furth i. Wald.
,,Katharinenhof" (Kritzenthal).
,,Schmidbräu", ,,Post", ,,Gruber", ,,Hölzlwirt", ,,Roßhof".
. – . – , . – Haus des Gastes.

Auf dem Wege nach Rötz hält man zunächst in *Ast* bei der Wallfahrtskirche ,,Unsere Liebe Frau". Die dreischiffige frühgotische Kirche aus dem 13. Jahrhundert besitzt neben einer üppigen Barockausstattung eine originelle Kanzel, deren Schalldeckel einen Ast mit der Muttergottes trägt.

Über *Schönthal,* 91 km, mit ehemaligem Augustinerkloster (1255–1803) und Barockpfarrkirche (um 1700) erreicht man dann

Rötz (453 m; 3500 Einw.), 97 km, im Schwarzachtal. Als ,,Retsitz" 1017 erstmals urkundlich genannt und 1505 zur Stadt erhoben, wurde der Ort später durch Kriege und Brände zerstört. Die *Stadtpfarrkirche* am Marktplatz stammt von 1850, ihr gotischer Chor noch von 1401 und der Turm aus dem Jahre 1552.

Der *Schwarzwihrberg* (706 m) mit der *Burgruine Schwarzenburg* ist ein beliebtes Ausflugsziel. Etwa ½ Stunde · vom Parkplatz aus dauert der Weg durch Föhren- und Mischwald zum Schloßberg, wo ein wehrhafter Rundturm die große, im 11. Jahrhundert gegründete Burganlage bewacht, die ehemals von einem Burggraben umgeben war. Durch einen Torbogen gelangt man in den unteren und oberen Burghof mit den Resten der Wohngebäude, der Kapelle mit zwei romanischen Säulen und dem viereckigen Bergfried. Von dort geht der Blick weit ins Land, hinüber zum 6 km langen *Eixendorfer Stausee.*

Inf.: Stadtverwaltung, Tel. (09976) 1511.
Regensburg, Weiden, Cham.
,,Wutzschleife". – ,,Bergfried", ,,Zur Post", ,,Thamerbräu". – .

Ausflug: Ein Abstecher von Rötz führt ins Schwarzachtal nach *Hillstett* (4 km) *zum Oberpfälzer Handwerksmuseum.* Eine Glasschleife, ein Polierwerk und der bereits 1475 bezeugte ,,Seebarnhammer", als Waffenhammer und Hammerschmiede bekannt, sind originalgetreu wieder aufgebaut worden.

Über *Bernried* geht es nun auf unserer Rundroute weiter nach

Stamsried (450 m; 2000 Einw.), 107 km. Kurz vor dem Ort biegt man an der Schloßparkmauer links zur *Kürnburg* ab (beschildert). Große Ruinenreste aus dem 14. Jahrhundert bieten sich dar. Die Anlage war einstmals von einem Burggraben umgeben. Man betritt sie durch zwei Torbögen. Zwei Beringe umschlossen drei Höfe mit einem rechteckigen Wohnbau und mehreren halbrunden Türmen. Im Dreißigjährigen Krieg wurde die Burg von den Schweden zerstört.

Das teilweise noch mittelalterliche *Schloß* in Stamsried ist eine Vierflügelanlage mit kleinem Innenhof. Es beherbergt ein ,,Haus des Gastes". Auf dem Marktplatz des Ortes steht eine sehenswerte *Mariensäule* von 1729.

,,Pusl", ,,Murhauser", ,,Glocknerhof", ,,Dirscherl". – .

Ausflug: Ein Abstecher nach *Strahlfeld* (5 km) führt zu einem ehemaligen Schloß aus dem 17.–19. Jahrhundert, das heute ein Dominikanerinnenkloster beherbergt.

Bei *Wetterfeld,* wo man auf die B 85 stößt, stehen Reste einer Wasserburg aus dem 15. Jahrhundert, die im Dreißigjährigen Krieg zerstört wurde.

Den Abschluß der Rundreise bildet *Schloß Thierlstein,* 117 km, das auf einer Quarzfelsbildung des ,,Pfahl" inmitten von ausgedehnten Parkanlagen thront (Privatbesitz). Dreigeschossige Wohnbauten umgeben den runden 40 m hohen, zinnengeschmückten Burgturm (15. Jh.).

Auf der B 85 kommt man wieder nach *Cham,* 124 km, zurück.

Route 7: Nabburg–Schwandorf–Neunburg vorm Wald–Nabburg (107 km)

Diese Rundreise umfaßt das *Nabburger Land* im Herzen der Oberpfalz. Das Naabtal trennt den Oberpfälzer Wald vom Jura. Geschichtlich kann dieses Gebiet weit über 1000 Jahre zurückblicken. Der besondere Reiz dieser Landschaft liegt in den Flußtälern der Naab, Pfreimd, Schwarzach und Murach. Eine Seltenheit sind die Hochmoore nordöstlich von Schwandorf und westlich von Schwarzenfeld mit einer reichen Flora und Vogelwelt. Ausgangspunkt ist

Nabburg (365 m; 6300 Einw.), das mit seinen Mauern, Toren und Türmen ein reizvolles Stadtbild bietet. Erstmals urkundlich erwähnt wurde der Ort 929, als König Heinrich I. hier weilte. Auf der höchsten Stelle des schmalen Bergrükkens stand einst die karolingische Burg, wehrhaft gegen Osten hin. Um sie herum erwuchs eine der ältesten Nordgausiedlungen. 1226 erfolgte die Stadterhebung. Trotz der Hussiteneinfälle (1420) und Brandschatzungen des Dreißigjährigen Krieges sind noch beachtliche Reste des mittelalterlichen Stadtbildes (insbesondere im 16. Jahrhundert wurden die Befestigungsanlagen wesentlich verstärkt) vorhanden. So steht noch das mächtige *Obere Tor* mit gotischem achteckigen Turm und einem Teil der ehemaligen Stadtbefestigung. Weitere Wehrtürme sind der *Pulverturm* im Norden der Stadt und der *Dechanthofturm* im Südosten. Das *Mähntor* mit zinnenbekröntem Vorbau – Nabburgs interessantestes profanes Bauwerk – führte in die obere Stadt. Machtvoll erhebt sich der „Kleine Dom“ über der Naab, die **Pfarrkirche St. Johann Baptist,* eine dreischiffige kreuzförmige Basilika aus dem 14. Jahrhundert. Sie gilt als bedeutender gotischer Kirchenbau der Oberpfalz. Ein ungewöhnlicher Doppelchor bestimmt die Gliederung der Strebepfeiler und Maßwerkfenster. Die ältesten Plastiken sind zwei Zwickelreliefs am alten Portal an der Südseite (1350). Wertvoll die drei Glasgemälde in den Fenstern des nördlichen Seitenschiffes (14. Jh.) und die geschnitzte „Nabburger Madonna“ über dem linken Seitenaltar (um 1470). Von der Kirche aus hat man einen einzigartigen Blick auf die Stadt und das Naabtal.

Das *Renaissance-Rathaus* mit altem Giebelerker stammt von 1550. Bürgerhäuser mit hohen Giebeln schmücken den Stadt-

Nabburg: Oberes Tor

platz. In der unteren Stadt steht die barocke *Friedhofskirche St. Georg* (18. Jh.) mit romanischem Turm und Storchennest. In der Vorstadt „Venedig“ auf dem linken Naabufer erhebt sich die romanische *St.-Nikolaus-Kirche* aus dem 12. Jahrhundert.

Inf.: Stadtverwaltung, Unterer Markt 4, Tel. (0 94 33) 18-0.
Schwandorf, Weiden.
Amberg, Weiden, Oberviechtach, Schönsee.
„Stern“, „Weißes Lamm“, „Ruhland“.
. – (Perschen), .

Ausflüge:

1. Zum *Kulmstein* (626 m) mit Aussichtsturm, 1¾ Std. nordwestlich; weiter über den *Kalvarienberg* (589 m) mit Wallfahrtskapelle nach *Kemnath am Buchberg* (Rokokokirche und Freibad), 1½ Std. Zurück auf der „Hohen Straße“ über *Döllnitz* und das *Döllnitzbachtal,* den *Eixlberg* (616 m) nach *Pfreimd,* 3 Std. Von dort aus mit dem Bus nach Nabburg.

2. Nach *Brudersdorf* mit Wehrkirche, 1½ Std. westlich.

3. Nach *Guteneck* und *Katzbachtal* (mittelalterliches Schloß), 2 Std. östlich.

4. Nach *Perschen* (s. S. 53), ½ Std. nördlich.

5. Zur *Wallfahrtskirche Maria Brünnl,* ½ Std. südlich.

7

Über *Stulln* erreicht man südwärts

Schwarzenfeld (365 m; 6000 Einw.), 9 km, an den Ufern der Naab, am Fuß des Miesberges, auf dem sich die *Dreifaltigkeits-Wallfahrtskirche* und ein *Passionisten-Kloster* (1934 erbaut) erheben. Die Kirche von 1720, zu der ein Kreuzweg führt, hat einen barocken Hochaltar, eine Rokokokanzel und ein Votivbild von 1796. Blickfang im Stadtbild sind das *Schloß* (Neubau 19. Jh.) und die *Pfarrkirche St. Dionysius und St. Ägidius,* eine Rokokokirche mit guten Stuckarbeiten (1760), die dem Schloß gegenüber am Naabufer steht. Ein interessanter Industriebau: der Pavillon der *Buchtalwerke* (5 km außerhalb), in dem moderne Wohn- und Baukeramik gezeigt wird.

Schwandorf, Weiden.
Nabburg, Schwandorf, Neunburg v. W. – ,,Bauer". – .

Das nächste Ziel der Route ist die Kreisstadt

Schwandorf (365 m; 27 000 Einw.), 18 km, am Fuß des Kreuzbergs, den eine neugebaute doppeltürmige *Wallfahrtskirche* krönt (1950–1952). Schwandorf, 1299 mit Stadtprivilegien ausgezeichnet, wurde im Laufe seiner wechselvollen Geschichte oftmals zerstört; zuletzt 1945 zu 70%. Ein Rest der ehemaligen Stadtbefestigung ist der alte, aus dem 15. Jahrhundert stammende *Blasturm.* Die Häuser am Marktplatz mit ihren Treppengiebeln und geschwungenen Giebelaufsätzen geben noch einen Eindruck von der alten Stadt. Harmonisch fügt sich die *Pfarrkirche St. Jakob* in das Bild mit dem wuchtigen sechsgeschossigen Turm, den eine Laternenkuppel krönt.

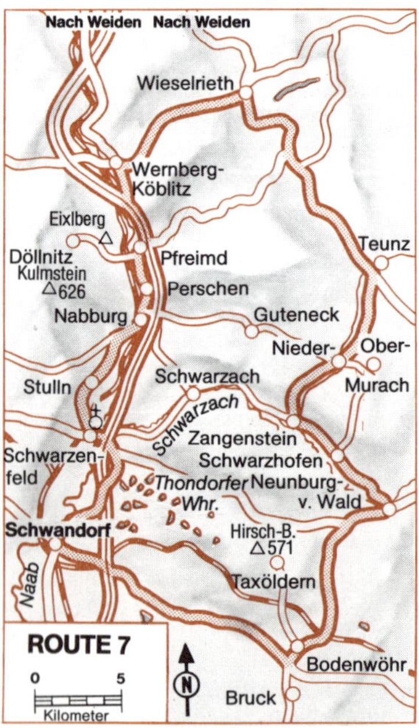

Es empfiehlt sich, einen Abstecher nach Norden zum *Schloß Fronberg* (um 1587–1638) zu machen, einem Renaissancebau mit schönem Arkadenhof, und zur *Kebbel-Villa* (,,Gründerzeit"), dem Oberpfälzer Künstlerhaus mit druckgraphischer Werkstatt (geöffnet mittwochs und donnerstags 11–20, sonntags 11–16 Uhr).

Inf.: Stadtverwaltung, im Rathaus, Tel. (0 94 31) 45 23.
Weiden, Regensburg, Nürnberg, Cham. – Nach allen Richtungen.
,,Waldlust", ,,Bayerischer Hof", ,,Wahl" (Fronberg). – , .

Auf der B 85 in Richtung Südosten kommt man nach *Bruck* mit dem Ferienzentrum Schöneck – von dort aus sind Abstecher nach *Waldhaus Einsiedeln* (s. S. 46; 10 km), und zum *Neubäuer Weiher* (s. S. 46; 10 km) lohnend – und weiter nach

Bodenwöhr (380 m; 3400 Einw.), 35 km, am 8 km langen *Hammerweiher,* dem Mittelpunkt eines waldreichen Seen- und Weihergebiets im Naturpark ,,Vorderer Bayerischer Wald".

Inf.: Fremdenverkehrsverein, Tel. (0 94 34) 13 42.
Schwandorf, Cham.
Nittenau, Neunburg v. W., Regensburg.
,,Jakob". – ,,Schießl", ,,Wiendl" (Neuenschwand). – .

Ausflüge:

1. *Waldlehrpfad Postlohe:* 2 km nach Blechhammer, von dort 700 m bis Parkplatz: 1,3 km langer Rundwanderweg mit Kinderspielplatz.

2. Nach *Taxöldern* mit alter Schloßkapelle, 1½ Std. nördlich; von dort ½ Std. nordwestlich auf den *Hirschberg* (571 m) mit Aussichtsturm; dort beginnt der Quarzgang des ,,Großen Pfahl".

Nordöstlich fahrend, kommt man nach der Stadt

Neunburg vorm Wald (398 m; 7300 Einw.), 48 km, die im Schwarzachtal dominiert. Von 1354–1580 war sie Residenz wittelsbachischer Herzöge, Pfalzgrafen und Kurfürsten. Ihr malerisches altertümliches Ortsbild blieb erhalten. Über der Stadt ragt das spätgotische *Schloß* der Herzöge auf *(Heimatmuseum)*. Die *Pfarrkirche St. Josef* (1478) entwickelte sich aus der ehemaligen Schloßkapelle. Sie birgt zwei schöne Schnitzwerke: eine romanische Madonna und ein spätgotisches Kruzifix, außerdem das Grabmal des Hussitenbezwingers Pfalzgraf Johann. 1959 wurde an der Burgmauer beim Schloßturm ein überlebensgroßes Standbild des Pfalzgrafen errichtet. – Mitte Juli bis Mitte August findet an den Wochenenden im Burghof das historische Freilichtschauspiel „vom Hussenkrieg“ statt (s. S. 9).

Sehenswert ist auch die *St.-Jakobs-Kirche* (um 1100) in der südwestlichen Vorstadt. Die *Spitalkirche* entstand um 1400. An der teilweise erhaltenen Ringmauer mit Stadtgraben, den das spätgotische *Rathaus* überspannt, stand der denkwürdige *Bleihofturm* oder „Schiltenhelm“ in dem der dort gefangengehaltene Page Peter Unverdorben sein „Todeslied“ dichtete. Ein Kleinod ist die *Wallfahrtskirche St. Maria Dolorosa* im Ortsteil *Katzdorf,* ein barocker Zentralbau von 1755 mit einer bemalten spätgotischen Pieta.

Der 3 km entfernte *Eixendorfer Stausee* bietet Segelmöglichkeiten. – .

Inf.: Stadtverwaltung, Tel. (09672) 480.
Regensburg, Weiden, Amberg.
„Frankbräu“, „Berggasthof Warberg“, „Fuchsenhof“ (Seebarn). – , .

Der Schwarzach folgend durchfährt man *Schwarzhofen* (mit ehemaligem Dominikanerkloster) und *Zangenstein* mit Burgruine (14. Jh.) und biegt nordöstlich ins zauberhafte Tal der Murach ein, vorbei an *Haus Murach* (s. S. 54) zur B 22, auf der man nördlich bis *Wieselrieth* verbleibt. Dann links über die B 14 nach

Wernberg-Köblitz (377 m; 5500 Einw.), 96 km, mit einer *Burg* aus dem 12. Jahrhundert, einer Gründung der Landgrafen von Leuchtenberg (schöner Burghof mit Arkaden, Fluchtgang).

Schwandorf, Weiden. – Amberg.
„Café Pari“. – „Zehentbartl“. – .

Die Naab begleitet die frühere B 15 südwärts nach

Pfreimd (371 m; 5000 Einw.), 102 km, wo von 1332–1646 die Landgrafen von Leuchtenberg residierten. Teile des ehemaligen *Schlosses* sind noch erhalten. Kunstgeschichtlich bedeutend sind die zwei Renaissance-Portale. Die *Pfarrkirche Mariae Himmelfahrt* (1681–88) ist eine emporengeschmückte Wandpfeilerkirche, erbaut und stuckiert von Johann Schmuzer (Wessobrunner Schule). Eine hervorragende Arbeit spätgotischer Bildhauerei stellt das Marmorepitaph des Landgrafen Leopold von Leuchtenberg (gestorben 1463) neben dem Hochaltar dar. In der ersten südlichen Seitenkapelle eine schöne spätgotische Anna-Selbdritt-Gruppe. Eine Stiftung des Landgrafen Georg Ludwig von Leuchtenberg ist die *Franziskanerkirche St. Johann Baptist* (1593), die zu einem Franziskanerkloster gehörte.

Inf.: Stadtverwaltung, Tel. (0 96 06) 88 90.
Schwandorf, Weiden.
Weiden, Nabburg.
„Pfreimder Hof“, „Zum Schwan“.

Ausflug: Zum *Eixlberg* (517 m) mit Wallfahrtskirche und Lorettokapelle, ½ Std. westlich; weiter über *Döllnitz* zum *Kulm* (626 m) mit Aussichtsturm, 1½ Std. Zurück über *Ober-* und *Untersteinach.*

Weiter südlich an der Naab liegt

Perschen, (,), 105 km, mit einer der ältesten Kirchen der Oberpfalz. Im 8. Jahrhundert schon erwähnt, war sie bis zum 13. Jahrhundert Mutterpfarrei von Nabburg und Pfreimd. Aus dem 12. Jahrhundert stammt die kleine *Friedhofskirche,* Vorläufer der großen Pfarrkirche, ein zweigeschossiger Rundbau mit kunstgeschichtlich bedeutsamen Malereien. Das Untergeschoß diente als Beinhaus, das Obergeschoß war als Kapelle dem heiligen Michael geweiht. Die *Pfarrkirche St. Peter und Paul* ist eine spätromanische doppeltürmige Basilika des 13. Jahrhunderts. Wölbung und Chor gehören zur Gotik, das Langschiff ist barock. Spätgotische Malereien im Chor.

Neben der Kirche befindet sich das **Oberpfälzische Bauernmuseum,* ein Edelmannshof aus dem 15. Jahrhundert, ehemals als Pfarrhof der Kirche zugehörig. Die Vielfalt von haus- und landwirtschaftlichen Geräten eines alten Bauernhofes vermitteln einen Einblick in die Lebensweise vergangener Jahrhunderte. Wohn-, Schlaf- und Wirtschaftsräume sind noch gut erhalten. – Nicht weit davon liegt das *Oberpfälzer Freilandmuseum Neusath.*

Bald ist *Nabburg,* 107 km, erreicht.

Route 8: Oberviechtach – Schönsee – Eslarn – Leuchtenberg – Oberviechtach (108 km)

Die **Bayerische Ostmarkstraße* führt von Bayreuth nach Passau. Sie durchquert das größte zusammenhängende Waldgebirge Deutschlands und bildet das verkehrsmäßige Rückgrat des Oberpfälzer Waldes. Sie ist eine Panoramastraße von großer landschaftlicher Schönheit, die dem Urlauber auch während der Fahrt Erholung und Abwechslung bietet. An dieser Straße liegt unser Ausgangspunkt

Oberviechtach (506 m; 5000 Einw.), die Stadt des *Dr. Andreas Eisenbarth,* des Wunderdoktors (1663–1727), der durch seine Kunstfertigkeit und sein marktschreierisches Auftreten berühmt wurde. Das bekannte Spottlied „Ich bin der Doktor Eisenbarth, kurier' die Leut' auf meine Art . . ." hat seinen Namen durch die Jahrhunderte getragen. Die Erinnerung an ihn wird durch den *Dr. Eisenbarth-Brunnen* wachgehalten. Anschauungsmaterial über die Geschichte des Ortes und seinen berühmten Sohn befindet sich im *Heimatmuseum.*

Gleich anderen oberpfälzischen Grenzstädten hatte auch Oberviechtach durch die Wirren der Religionskriege schwer zu leiden. Sechs Feuersbrünste zerstörten zudem im 18. Jahrhundert das mittelalterliche Stadtbild. Die ursprünglich gotische *Pfarrkirche St. Johannes Baptist* weist im Inneren eine prachtvolle Rokokoausstattung von 1775–1776 auf. Diese steht in merkwürdigem Gegensatz zum äußeren Sichtbeton. In der Kirche hängt ein Kümmernisbild im byzantinischen Stil aus der Bleichanger Kapelle, eine mit einem langen Rock bekleidete, ans Kreuz geschlagene Christusfigur.

Inf.: Verkehrsamt, Tel. (0 96 71) 15 07.
Schönsee, Nabburg, Waldmünchen.
„Dr. Eisenbarth", „Zur Post", „Pösl", „Schwan". – , .

Ausflüge:

1. Zum *Johannisberg* mit Wallfahrtskirche, ½ Std. südöstlich; weiter ½ Std. südlich nach *Wellenthal* im Aschatal.

2. Nach *Teunz* im Murachtal, 1 Std. nordwestlich; weiter nach *Fuchsberg* mit Schloßbrauerei, ½ Std.; zurück über *Hebermühle* und den *Geißbügerl,* 1¼ Std.

3. Zur *Burgruine Obermurach,* Abstieg nach *Niedermurach* und zurück über die *Walburgakapelle,* 2 Std.

4. Auf den *Signalberg* (890 m) und zur *Ruine Frauenstein,* 2 Std. östlich.

Wir überqueren die Ostmarkstraße in westlicher Richtung und machen einen Abstecher von 4 km nach *Obermurach* und zur *Burgruine Haus Murach,* einstiger Besitz der Herren von Murach, zu dem Oberviechtach gehörte. Von der schon 1110 genannten Burg sind noch Ringmauer, Getreidekasten und Bergfried erhalten. Vom 20 m hohen Bergfried aus hat man eine großartige Aussicht über viele Ortschaften und Burgruinen, wie Wildstein, Frauenstein und Reichenstein.

Im nahegelegenen *Niedermurach* beherbergt die Pfarrkirche St. Martin Grabplatten der Herren von Murach.

Auf der Ostmarkstraße geht es nun über *Winklarn* – im 18. und 19. Jahrhundert bekannt durch seine Hinterglasmalerei – mit dem Grafenschloß aus dem 16. Jahrhundert und dem beachtenswerten Renaissance-Altar in der Friedhofskapelle aus dem 17. Jahrhundert, weiter über *Tiefenbach* und das zweigeteilte Grenzdorf *Schwarzach* nach

Stadlern (650 m; 700 Einw.), 30 km, am Fuß des Reichenstein (874 m). Die *Wallfahrtskirche Unsere Liebe Frau und St. Michael* birgt eine bemerkenswerte Ausstattung: Im barocken Choraltar steht ein spätgotisches Gnadenbild „Maria mit dem Kinde", auf dem Seitenaltar „St. Michael mit dem Drachen kämpfend" (um 1760). Das Kirchengestühl zeigt Akanthusschnitzereien. Eine ikonographische Seltenheit ist die 3,5 m hohe Granitsäule (17. Jh.) an der Südseite der Kirche mit Christus in der Kelter.

Schönsee, Oberviechtach.
„Schwalbenhof", – „Haus Böhmerwald", „Zum Alten Zollhaus".
Skizentrum, Sommerrodelbahn, Böhmerwald-Aussichtsturm.

Das nächste Ziel der Rundfahrt ist

Schönsee (658 m; 2700 Einw.), 37 km, im Tal der Ascha, der Mittelpunkt des „Schönseer Ländchens". In diesem Grenzwinkel ist seit altersher die Kunst des Spitzenklöppelns zu Hause (Ferienkurse). Schönsee war ehemals böhmisches Kronlehen. Die Doppelstatue des hl. Nepomuk (1791), der nach Bayern und nach Böhmen blickt, an der Straße nach Gaisthal erinnert als Grenzzeichen an diese Zeit. Kaiser Karl IV. verlieh im 14. Jahrhundert dem Ort Stadtrecht. Die *Pfarrkirche* wurde 1868 neu errichtet, die *Vierzehn-Nothelfer-Kapelle* stammt noch von 1799. Sehenswert ist das *Dr. A. Lindgens-Jagdmuseum* am Ortsrand.

Inf.: Verkehrsamt, Tel. (0 96 74) 4 18.
Oberviechtach, Nabburg.
,,St. Hubertus".
,,Drechselberg", ,,Drei Seerosen".
,,Haberlbräu", ,,Süß", ,,Schönseer Hof", ,,Ferienhof Gut Dietersberg", Gaisthaler Hof". – . – Gaisthal.

Eine landschaftlich schöne Straße führt nordwärts. Vor Eslarn bietet sich Gelegenheit, einen *Wildpark* mit Kinderspielplatz zu besuchen.

Eslarn (520 m; 3000 Einw.), 46 km, liegt nahe dem 808 m hohen Stückberg an der böhmischen Grenze, wo Graf Tilly im Dreißigjährigen Krieg seine Schanzen baute. Die Anlagen werden heute noch als ,,Tillyschanze" bezeichnet. Im Österreichischen Erbfolgekrieg zog Kaiserin Maria Theresia Eslarn als ,,Erledigtes böhmisches Lehen" ein. Der Ort kam 1777 nach mehrmaligen Herrschafts- und damit verbundenen Religionswechseln an Bayern. Die *Pfarrkirche Unsere Liebe Frau* mit malerischem Zwiebelturm entstand 1685–1687 im frühen Barockstil. Bemerkenswert sind die mit Akanthusschnitzereien geschmückten Altäre, die Rokokokanzel und die vierzehn geschnitzten Zunftstangen.

Inf.: Verkehrsamt, Tel. (0 96 53) 6 13.
Vohenstrauß, Weiden.
,,Goldenes Kreuz", ,,Ritterklause", ,,Goldberg", ,,Zum Alisn". – .

Abstecher:

1. Zum *Pfrentscher Urwaldgebiet* (Naturschutz) mit einem staatlichen Mustergut, 5 km nordwestlich.

2. Nach *Waidhaus* (2400 Einw.), einem wichtigen Grenzübergang zur Tschechoslowakei (,,Diplomatenstraße"), 8 km nördlich. Auf dem Marktplatz Nepomukfigur von 1754.

Westlich von Eslarn erreicht man in einer Talsenke der Pfreimd

Moosbach (500 m; 2600 Einw.), 55 km. Die *Wallfahrtskirche Wies* (1769), deren Altäre, Beichtstühle und Kanzel im Rokokostil von Meistern aus Amberg und Waldthurn geschaffen wurden, bewahrt viele Votivbilder.

Inf.: Verkehrsamt, Tel. (0 96 56) 13 14.
Weiden, Vohenstrauß.
,,Zum Goldenen Löwen", ,,Zum Roten Ochsen", ,,Krone". – , . – Haus des Gastes, Kurpark.

Burgtreswitz, 57 km, besitzt ein Schloß und ehemaliges Pflegamt aus dem 13. Jahrhundert.

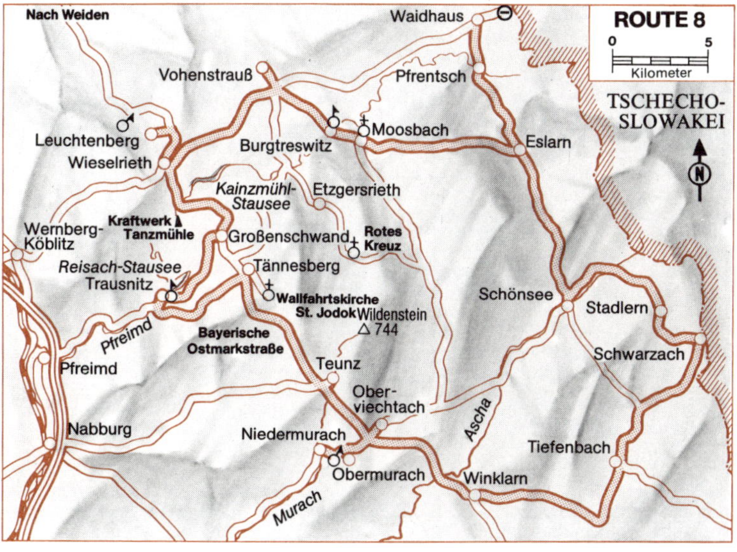

Burg Leuchtenberg

Bei *Vohenstrauß* (s. S. 57), 61 km, erreicht man die B 14. Wo diese die B 22 kreuzt, biegt man nach rechts ab. Die Burgruine Leuchtenberg ist nicht zu verfehlen. Sie grüßt weit ins Land.

Leuchtenberg (583 m; 1200 Einw.), 73 km, ein Marktflecken hoch ober dem Luhe- und Lerautal, wurde erstmals bei einer Kircheneinweihung durch Bischof Otto I., den Heiligen, im Jahre 1124 erwähnt. Hier hatten die Herren von Leuchtenberg ihren Sitz, denen wir im geschichtlichen Schicksal der Oberpfalz immer wieder begegnen. Im 12. Jahrhundert bereits erschien das Geschlecht in der Geschichte des Nordgaues. 1196 wurden die Herren von Leuchtenberg Landgrafen, im 15. Jahrhundert Reichsfürsten. Im 14. Jahrhundert verlegten sie ihre Residenz nach Pfreimd. Nach dem Aussterben des Geschlechts (1646) trat Bayern das Erbe an.

Die **Burg Leuchtenberg,* einstmals die größte und bedeutendste der Oberpfalz, war nach der Zerstörung im Dreißigjährigen Krieg dem Verfall preisgegeben. Den Rest besorgte der Großbrand 1842. Der neu errichtete 24 m hohe Bergfried bietet einen reizvollen Rundblick. Aus der Gründungszeit der Burg (Anfang 14. Jh.) stammen der innere Mauerring, der Rittersaal und der Unterbau des Bergfriedes sowie die Burgkapelle, die allerdings im 15. Jahrhundert geringfügig verändert wurde. Die Ruine ist staatlicher Besitz (Führungen möglich).

🚌 Weiden.
⌂ ,,Zur Linde", ,,Zur Burg". – ⚠.

Man fährt nun zurück zur Wieselriether Kreuzung und von dort auf der Ostmarkstraße südwärts. Nach etwa 2 km ist links ein Abstecher zur *Kainzmühlsperre* (2 km) möglich, rechts führt ein Straßenabzweig über die Pfreimdtalhütte zum *Kraftwerk Tanzmühle* (2 km). Die Pumpspeicheranlagen wurden 1951–1955 von der Ostbayerischen Energieversorgung errichtet und umfassen die Anlagen Kainzmühlsperre, das Kraftwerk Tanzmühle und den Trausnitz-Stausee mit den Kraftwerken Reisach-Trausnitz sowie dem Hochspeicher Rabenleite. Letzteren erreicht man weiter südlich über Großenschwand an der Ostmarkstraße. Die *Rabenleite* wird als die ,,Wasserschüssel der Oberpfalz" bezeichnet und kann auf einem Spaziergang umrundet werden; sie faßt 1,5 Mill. Kubikmeter Wasser. Alle diese Wege führen durch ein landschaftlich reizvolles Gebiet.

Von *Großenschwand,* 83 km, führt eine landschaftlich schöne Straße südwestwärts, am *Reisach-Stausee* entlang, nach

Trausnitz (450 m; 1100 Einw.), 89 km, mit der *Burg Trausnitz im Tal* und deren mächtigem Bergfried aus dem 13. Jahrhundert. Herzog Friedrich der Schöne von Österreich wurde hier von Kaiser Ludwig dem Bayern nach der Schlacht von Mühldorf (1322) gefangengehalten, bis sich die feindlichen Vettern schließlich 1325 versöhnten.

⌂ ,,Pröls", ,,Seehotel Anzer" (Ödmühle).
⚠ in der Burg. – 🏊.

Zurück zur Ostmarkstraße nach

Tännesberg (700 m; 1600 Einw.), 95 km, am Südhang des Schloßberges (692 m). Interessant ist die turmlose barocke *Wallfahrtskirche St. Jodok* von 1689, im Volksmund als ,,die Gost" bezeichnet, die südöstlich von Tännesberg steht. An der linken Kirchenwand hängt das sogenannte ,,Pestkreuz", das 1690 von Wien aus in einer Dankprozession hierher gebracht wurde. Alljährlich an jedem vierten Julisonntag findet der *Jodokritt* (s. S. 9) statt.

Inf.: Verkehrsamt, Tel. (0 96 55) 2 22.
🚌 Weiden.
⌂ ,,Wurzer", ,,Spickenreither", ,,Zur Post". – 🏊. – Geologischer Lehrpfad. Haus des Gastes.

Auf der B 22 geht es südwärts über *Teunz,* 103 km, mit Barockkirche St. Lambert (klassizistischer Turm, Rokoko-Hochaltar um 1750) zum Ausgangspunkt *Oberviechtach,* 108 km, zurück.

Route 9: Vohenstrauß–Neustadt an der Waldnaab–Tirschenreuth–Waldsassen–Flossenbürg–Pleystein–Vohenstrauß (136 km)

Diese Rundreise führt im Norden durch das *Stiftland* mit seinen zahlreichen Fischweihern, im Osten durch waldreiche Gegend, stellenweise an der tschechischen Grenze entlang. Ausgangspunkt ist

Vohenstrauß (581 m; 7000 Einw.). 1124 urkundlich als ,,Vohendrezze" genannt, liegt es an der alten Heerstraße von Nürnberg nach Prag, der ,,Goldenen Straße". Dem Ort wurde bereits 1378 Stadtrecht verliehen. Die mittelalterliche Befestigung vernichtete 1839 ein Brand.

Wahrzeichen der Stadt ist die **Friedrichsburg,* ein dreigeschossiger Renaissancebau (1586–1590) mit sechs Rundtürmen, hohem Satteldach und geschwungenem Staffelgiebel. Der mittlere Turm der Hauptfassade trägt im Giebelfeld das Allianzwappen Pfalz-Liegnitz-Brieg. Bauherr des Schlosses war Pfalzgraf Friedrich von Zweibrücken-Veldenz. Ab 1608 diente das Schloß zeitweise als Landpflegersitz. Im *Rathaus* (1909/11) befindet sich ein *Heimatmuseum.*

Im Ortsteil *Altenstadt* (vermutlich schon im 10. Jh. entstanden) steht noch die alte Wehr- und Simultankirche *St. Ägidius* aus dem Jahre 1350. Südwestlich der Stadt, an der B 14, steht die sagenumwobene vierhundertjährige Steinlinde, der *Kalte Baum* genannt.

Inf.: Verkehrsamt, Tel. (0 96 51) 17 66.
Weiden, Eslarn.
,,Franzljohann", ,,Drei Lilien", ,,Janners Brotzeitstuben", ,,Zur Post". – Ferienanlage Maximilianshof (Böhmischbruck). – , .

Vohenstrauß: Friedrichsburg

Über *Waldau* (alte Schloßkirche aus dem 12. Jh.), und *Theisseil* fährt man in nordwestlicher Richtung nach

Neustadt an der Waldnaab (420 m; 5300 Einw.), 20 km, Kreisstadt und bedeutender Standort der deutschen Bleikristallindustrie. 1232 erstmals urkundlich erwähnt, erhält der Ort bereits 1339 Stadtrecht und kommt, nachdem er Bayern und Leuchtenberg zugehörig war, 1353 an Böhmen. Unter den Lobkowitzern wird er ab 1562 Residenzstadt der reichsunmittelbaren Grafschaft Störnstein. 1806 fällt die Grafschaft an das Königreich Bayern. Ein Beispiel für den Herrschaftswechsel in der Oberpfalz.

Spitzgiebelige alte Bürgerhäuser säumen den Marktplatz. Oberhalb davon erheben sich die beiden Schlösser der Lobkowitzer Fürsten: das *Alte Schloß* mit spitzem Giebel und Arkadenfreitreppe (1543) und das *Neue Schloß,* von Antonio Porta im italienischen Barock erbaut und 1702 von Anton Ritz vollendet. Sehenswert ist auch die im Rokokostil ausgestattete *Pfarrkirche St. Georg* (1607–1666).

Das benachbarte *Altenstadt an der Waldnaab* wird bereits 1270 als ,,civitas antiqua" genannt. Die *Pfarrkirche Mariae Himmelfahrt* stammt aus romanischer Zeit. Chor und Turm gehören der späten Gotik an. Der Hochaltar stammt aus der Rokokozeit.

Weiden, Wiesau.
Tirschenreuth, Weiden, Floß.
,,Grader". – ,,Kronprinz", ,,Eiche", ,,Weißes Rößl", ,,Zum Bären". – . – , .

Auf der B 15 erreicht man *Schönficht.* Von dort aus ist ein Abstecher über *Beidl,* in dessen Weihern ein sagenumwobener Granitstein mit drei Kreuzen liegt, nach *Plößberg* (6 km), dem Markt der Glasofenbauer und Krippenschnitzer, zu empfehlen. Nächstes Ziel an der B 15 ist die Kreisstadt

Tirschenreuth (503 m; 9400 Einw.), 44 km, das wirtschaftliche Zentrum des Stiftlandes. Urkundlich wird Tirschenreuth 1134 erstmals erwähnt. Die Gründung der Stadt soll auf einen Roder namens Turso zurückgehen (das Wappen der Stadt zeigt ihn). Wahrzeichen Tirschenreuths ist der *Klettnersturm,* ein Wehrturm der einstigen Stadtbefestigung von 1330. Aus dem 12. Jahrhundert stammt der *Fischhof* (im Osten der Stadt), ein ehemaliger Zehnthof des Klosters Waldsassen von 1689 (heute Amtsgericht). Die dorthin führende *Steinbrükke* (1748/50) wurde nach dem Vorbild der Steinernen Brücke in Regensburg erbaut.

Die *Stadtpfarrkirche Mariae Himmelfahrt* hat einen kunsthistorisch bedeutenden reich geschnitzten Flügelaltar (1510). Das *Rathaus* mit wappengeschmücktem Erker wurde 1582–1583 erbaut. Das *Schmeller-Denkmal* auf dem Marktplatz erinnert an den berühmten Sohn der Stadt, den Mundartforscher Dr. Johann Andreas Schmeller (1785–1852).

Inf.: Stadtverwaltung, Tel. (0 96 31) 29 61.
Marktredwitz, Weiden.
Weiden, Friedenfels, Mähring, Bärnau, Waldsassen, Kemnath.
,,Goldener Schwan", ,,Kistenpfennig", ,,Gleissner", ,,Stefflwolf". –

Durch die Tirschenreuther Teichpfanne fahrend erreicht man auf der B 15

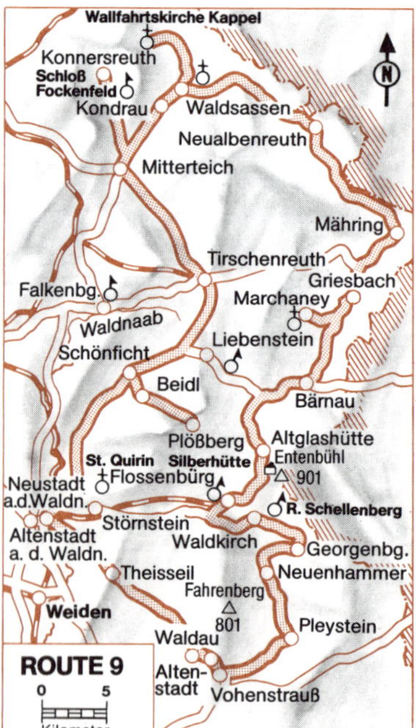

Mitterteich (513 m; 7000 Einw.), 55 km. Am langgestreckten, mit einem Nepomukstandbild und einer Mariensäule geschmückten Marktplatz stehen das *Rathaus* von 1731 und die *Stadtpfarrkirche St. Jakobus* von 1890/91 mit Turm aus dem 17. Jahrhundert. Sehenswerte Totentanzszenen findet man in der *Friedhofskapelle Maria Hilf* (1780).

Tirschenreuth, Waldsassen.
,,Goldenes Lamm"; ,,Alm" und ,,Lang" (Großbüchlberg). –

Ein Abstecher führt von Mitterteich nach *Konnersreuth* (7 km), bekannt durch die stigmatisierte Therese Neumann. Spätbarocke Pfarrkirche von 1782. Kurz vor Konnersreuth liegt rechts das *Schloß Fockenfeld* (um 1750), von Philipp Muttone als Sommerresidenz der Äbte von Waldsassen errichtet.

Auf der Rundroute geht es von Mitterteich auf der B 299 weiter über *Bad Kondrau,* weitbekannt wegen seines Mineral- und Heilwassers, nach

Waldsassen (491 m; 8000 Einw.), 62 km, dem historischen und kulturellen Mittelpunkt des Stiftlandes. 1133 gründete der Mönch Gerwig von Wolmundtstein, beauftragt vom Markgrafen Diepold III. von Vohburg, das Kloster, das 1147 die Reichsfreiheit erlangte. Nach einer Blütezeit im 17. und 18. Jahrhundert wurde das Stift 1803 säkularisiert. 1864 zogen wieder Zisterzienserinnen ein.

Die **Stiftskirche Mariä Himmelfahrt und St. Johann* ist ein Meisterwerk des Barocks. Sie vereint in einmaliger harmonischer Weise Kunsteinflüsse aus Italien, Bayern, Österreich und Böhmen. Erbaut wurde sie 1681–1704 von Baumeister Abraham Leuthner aus Prag, unter Mitwirkung von Georg Dientzenhofer und Jakob und Bernhard Schießer. Die Stukkaturen stammen von dem Italiener G. B. Carlone, die Fresken von dem Prager Jakob Steinfels und das reichgeschnitzte Chorgestühl von dem Waldsassener Martin Hirsch. Der Meister der aus Marmor gemeißelten Verkündigungsgruppe mit dem vergoldeten Tabernakel am Hochaltar ist Karl Stilp. Von ihm stammen auch die hervorragenden Schnitzereien des spätbarocken ***Bibliothekssaales* (1704–1727).

Über Jahrhunderte hinweg beherbergte der Saal unermeßliche Werte an handgeschriebenen und handilluminierten Büchern. Die die Brüstung der Galerie tragenden zehn lebensgroßen Holzfiguren symbolisieren, teils auf humorvolle Wei-

Waldsassen: Stiftsbibliothek

se, den Werdegang des Buches vom Papiermüller bis zum Leser. Die dargestellten Motive sollen aus Sebastian Brants Satire „Das Narrenschiff" stammen. Darauf und auf Rollenhagens „Froschmeuseler" beziehen sich die grotesken Szenen in den Galeriebrüstungen. Die Stuckierung besorgte Peter Appiani. (Führungen in Basilika und Bibliothek.)

5 km nördlich von Waldsassen steht auf dem 628 m hohen *Glasberg* die **Wallfahrtskirche der Hl. Dreifaltigkeit,* die „Kappel". Die Wallfahrt dorthin ist bereits 1527 urkundlich bezeugt. Die Kirche ist eine der bedeutendsten Barockrundbauten Deutschlands. Georg Dientzenhofer war der Baumeister (1685–89).

Inf.: Verkehrsamt, Kirchplatz 3, Tel. (0 96 32) 88 28.
Selb, Arzberg, Neualbenreuth, Wiesau.
„Zrenner", „Bayerischer Hof", „Schmid-Papierer", „Gläßel". – , .

Fast parallel zur tschechischen Grenze fährt man über *Neualbenreuth, Mähring* und *Griesbach* zwischen Hochwäldern und Senken, die den Blick ins weite Land freigeben. Ein kurzer Abstecher führt nach *Marchaney* (3 km), zur Kirche St. Jakobus, einem Kleinod barocker Kirchenbaukunst, 1733 von Philipp Muttone geplant. Dann erreicht man

Bärnau (614 m; 3700 Einw.), 98 km, die älteste Stadt im Landkreis Tirschenreuth (1343). Die gegen Ende des 19. Jahrhunderts angesiedelte Knopfindustrie hat hier ihren bedeutendsten Standort in Deutschland (*Knopfmuseum*).

Tirschenreuth.
„Blei", „Rose" (beide Altglashütte), „Zur Post". – (Altglashütte), .

Nahe der tschechischen Grenze fährt man weiter nach Süden durch waldreiches Gebiet über den Ferienort *Altglashütte* (730 m) bis zur *Silberhütte* (850 m; Unterkunftshaus des „Oberpfälzer Waldvereins", beliebt als Wanderstützpunkt und Skilanglaufzentrum).

Eine kurvenreiche Straße führt südwestwärts. Bald taucht auf hohem Granitkegel die **Burgruine Flossenbürg* auf, eine ehemalige Hohenstaufenfeste. Sie ist vom Ort

Flossenbürg (600 m; 1900 Einw.), 113 km, aus leicht zu besteigen (herrlicher Rundblick). Um 1100 erbaut, kam die Burg 1188 an Kaiser Barbarossa. Nach mehrmaligem Besitzwechsel wurde sie im Dreißigjährigen Krieg zerstört. Am Fuße der Burg liegt malerisch der *Gaisweiher.* Oberhalb des Ortes erinnern Gedenkstätten an das ehemalige Konzentrationslager.

Inf.: Verkehrsamt, Tel. (0 96 03) 10 81.
Weiden.
„Güntner", „Zum Schloßberg", „Plattenberg". – . – . – Haus des Gastes.

Man setzt die Fahrt über *Waldkirch-Georgenberg* fort und erreicht bei *Neuenhammer* (Hammerschlößchen aus dem 17. Jh.) den Eingang ins romantische *Zottbachtal.* Am Ende des Tales in Höhe Zottbachhaus öffnet sich der Blick auf

Pleystein (576 m; 2500 Einw.), 130 km, seit 1331 mit Stadtrecht versehen. Der Ort wird beherrscht vom aussichtsreichen *Kreuzberg,* einem unter Naturschutz stehenden 38 m hohen Rosenquarzfelsen mit der neubarocken *Kreuzbergkirche* und einem *Salesianerkloster.* Im Mittelalter stand eine Burg auf dem Felsen, um die sich die Stadt entwickelte. Die *Pfarrkirche St. Sigismund* ist ein neugotischer Bau (1901). Bemerkenswert im Innern die spätgotische Marienfigur. In der *Friedhofskapelle* von 1750 befinden sich sehenswerte Rokokozunftstangen. Auf dem Marktplatz steht eine barocke *Nepomuksäule* von 1731. Eine umfangreiche Stein- und Mineraliensammlung birgt das *Haus der Heimat.*

9

Inf.: Verkehrsamt, Tel. (0 96 54) 4 62.
Eslarn, Vohenstrauß.
„Zottbachhaus", „Haus Regina".
„Weig", „Haus Christa". – . – .

In westlicher Richtung geht es zurück nach *Vohenstrauß,* 136 km.

Route 10: *Weiden–Eschenbach–Kemnath–Erbendorf–*Weiden (137 km)

Diese Route umfaßt die nordwestliche Oberpfalz, führt durch herrliche Mischwälder und verschwiegene Flußtäler. Im Norden berührt sie das Fichtelgebirge, nach Süden hin schließt sie im Steinwald.

Ausgangspunkt ist **Weiden* (s. S. 27). Man verläßt die Stadt auf der B 22, fährt am *Süßenloher Weiher* vorbei und folgt dem Hinweisschild nach

Parkstein (548 m; 1800 Einw.), 13 km, Markt am Fuße des unter Naturschutz stehenden Basaltkegels **Parkstein* (596 m), auf dem im Mittelalter eine Burg stand, die im Dreißigjährigen Krieg von den Schweden nicht eingenommen werden konnte. Der Basaltkegel, den Alexander von Humboldt als den schönsten Europas bezeichnete, ist eine geologische Sehenswürdigkeit. Interessant die fünfeckigen Steinsäulen an der südöstlichen Flanke des Berges, die wie beim plötzlichen Herausbrechen aus dem Erdinneren erstarrt zu sein scheinen. Auf dem Berg steht eine *Wallfahrtskapelle*.

Parkstein ist der Geburtsort des Hofmusikers Franz Josef Strauss (1822–1909), des Vaters des Komponisten Richard Strauss. In der *Pfarrkirche St. Pankratius* befindet sich eine kunstvolle Rokokokanzel (1788–1789).

Inf.: Gemeindeverwaltung, Tel. (0 96 02) 51 71.
Weiden.
,,Grüntaler Hof", ,,Bergstüberl", ,,Zetzl".

Man verläßt den Ort in südwestlicher Richtung und fährt auf der B 470 nach

Pressath (424 m; 4500 Einw.), 25 km. Das Städtchen liegt an der Heidenaab und kann auf eine tausendjährige Geschichte zurückblicken. Die *Pfarrkirche St. Georg,* durch einen Brand 1759 schwer beschädigt, wurde 1761–1765 wieder aufgebaut. Aus der alten Kirche sind bemerkenswerte Grabsteine der Familie Kress von Kressenstein erhalten, die im Pressather Gebiet ansässig war. Weitere Sehenswürdigkeiten sind die gotische *Friedhofskapelle St. Stephan* (um 1450) sowie die *Altöttinger Kapelle* von 1754.

3 km nördlich von Pressath liegt malerisch auf einem Hügel das *Renaissance-Schlößchen Weihersberg* (16. Jh.). Das Schloß ist dreigeschossig mit einem achteckigen Turm und einem Nebenbau aus dem Jahre 1766. In der restaurierten Schloßkapelle steht ein Rokokoaltar.

Speinshart: Klosterkirche

Weiden, Kirchenlaibach, Bayreuth.
Grafenwöhr. – ,,Heining".

Auf der B 470 westwärts fahrend erreicht man

Eschenbach (462 m; 3900 Einw.), 33 km, in waldreicher Landschaft mit zahlreichen Weihern und dem *Naturschutzgebiet Vogelfreistätte* am Rußweiher. Kaiser Karl IV. verlieh dem Ort bereits 1358 Stadtrecht. In der Mitte des breiten, langgestreckten Marktplatzes erhebt sich das zweigeschossige *Rathaus* (16. Jh.). Die *Pfarrkirche St. Laurentius,* ein gotischer Bau aus dem 15. Jahrhundert mit einer dreischiffigen Halle, wurde 1893 erweitert. Der Kirchturm ist im Unterbau gotisch, der zylindrische Aufsatz gehört der Renaissance an (1541). Am fünften Obergeschoß des Turmes erblickt man das pfalz-bayerische Wappen mit dem Stadtwappen von Eschenbach. Im Innern der Kirche befindet sich ein hervorragend gearbeitetes Epitaph für Caspar Köferl aus Eschenbach. Empfehlenswert ist auch ein Besuch der *Maria-Hilf-Kirche* (1771–1774) mit drei Rokokoaltären.

Auerbach, Weiden, Nürnberg.
,,Obersee", ,,Zur Krone", ,,Weißes Roß".
.– (Strandmoorbad), .

In nördlicher Richtung erreicht man das Prämonstratenserkloster

Speinshart, 38 km, gegründet 1145. In der Reformation (1556) verfiel das Kloster, wurde aber 1661 von Mönchen wieder bezogen und im Jahre 1691 zur Abtei erhoben. Nach einer Blütezeit gingen durch Säkularisation unermeßliche Werte, hauptsächlich altes Schriftgut, verloren. Seit 1923 ist Speinshart wieder Abtei.

Die ***Klosterkirche Unbefleckte Empfängnis,* künstlerisch eine der wertvollsten in ganz Süddeutschland, wurde von Wolfgang Dientzenhofer erbaut (1696). Die Stukkaturen stammen von Carlo Domenico Lucchese aus dem Tessin, die Malereien von seinem Bruder Bartolomeo. Bemerkenswert ist das Fehlen einer typischen Kirchenfassade, lediglich das Portal verrät den sakralen Charakter des Gebäudes. Der Innenraum ist in Aufbau und Ausgestaltung im italienischen Barockstil gehalten und mit Plastiken von Ordensheiligen und Allegorien der christlichen Tugenden ausgestattet. Die Deckengemälde beziehen sich auf die Heiligen der Altäre. Es überrascht die Fülle des Dekors. Die Altäre sind um 1717 entstanden. Der Hochaltar mit einem mächtigen Säulenaufbau trägt das Bild der Unbefleckten Empfängnis Mariens, vermutlich von Antonio Triva. Rechts und links davon die Ordensheiligen Augustin und Norbert. Besonders schön sind die Wangen der Kirchenstühle.

Auf dem in der Nähe gelegenen *Barbaraberg* (2 km östlich) hatten die Speinsharter Äbte ihre Sommerresidenz. Die ehemalige Wallfahrtskirche (1756) wurde durch Blitzschlag zerstört. Von der erhaltenen Fassadenfront aus hat man einen herrlichen Blick ins Land.

Weiter nach Norden fahrend gelangt man nach

Neustadt am Kulm (570 m; 1300 Einw.), 43 km, das dicht an dem mächti-

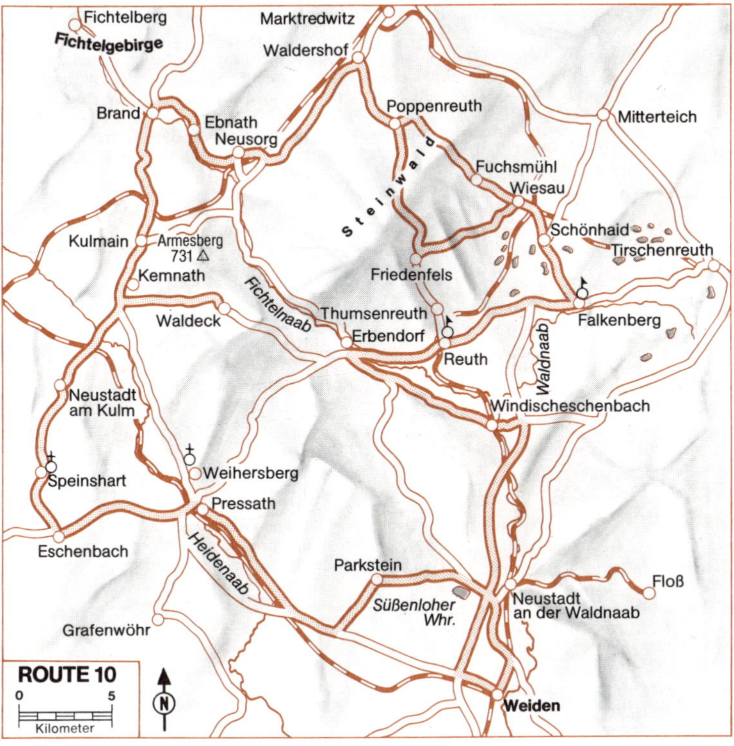

10

gen Basaltkegel des 682 m hohen *Rauhen Kulm* und des westlich davon gelegenen Kleinen Kulm liegt. Die Gipfel der beiden Kegel waren mit Burgen der Herren von Leuchtenberg befestigt. Auf dem Rauhen Kulm, von dem aus ein Aussichtsturm eine Rundsicht ins weite Land bietet, erinnern noch geringe Reste daran.

Die Mitte des Marktplatzes nimmt das *Rathaus* ein (1611). Die **Pfarrkirche,* eine ehemalige Karmelitenkirche (1413), ist eine der schönsten evangelischen Barockkirchen Bayerns. Die Stukkaturen schuf Anfang des 18. Jahrhunderts Domenico Quadro. Unter den Grabdenkmälern sind besonders hervorzuheben das des tapferen Georg Peter von Sazenhofen (1634), der im Dreißigjährigen Krieg die Burg Parkstein gegen die Schweden erfolgreich verteidigte, und die Grabplatte, die Pfarrer Rösler 1683 seinen verstorbenen Kindern setzen ließ.

🚌 Kemnath, Eschenbach.

Unsere Fahrt geht weiter nach

Kemnath (460 m; 5000 Einw.), 50 km, zwischen Fichtelnaab und Heidenaab gelegen, als Keminata 1008 urkundlich erstmals erwähnt und seit 1250 mit Stadtrecht versehen. Den Marktplatz säumen alte Giebelhäuser. Auffallend ist das *Amtsgericht* mit der italienisch anmutenden Fassade, vollendet 1859. Davor die *Sebastianssäule* von 1714. Den östlichen Abschluß des Platzes bildet die sehenswerte *Stadtpfarrkirche Mariae Himmelfahrt,* eine dreischiffige spätgotische Hallenkirche mit Rippengewölbe auf hohen Rundpfeilern (1448–1506). Bemerkenswert ist der barocke Hochaltar (1739), sechssäulig mit baldachinartigem Aufbau und Bandwerkornamenten. Die barokken Seitenaltäre sind aus dem 17. Jahrhundert, die Maßwerkbrüstung von 1506. Das Untergeschoß des Kirchturms (1854) dient als Stadttor. Am westlichen Ortseingang steht die *St. Pirmin-Säule* (1695), am nördlichen Ortsausgang erblickt man Totenbretter.

🚌 Bayreuth, Weiden, Tirschenreuth.
⌂ „Zur Krone“, „Zum Hirschen“. – ▭.

Bei einem Abstecher auf der B 22 ostwärts nach dem 5 km entfernten *Waldeck* erscheint zur Linken die Basaltkuppe des *Armesberges* (731 m) und bei Waldeck der Basaltkegel des *Waldecker Schloßberges* (641 m), auf dem im 12. Jahrhundert eine Burg (jetzt Ruine) stand. Dekkenmalereien der Brüder Asam geben der Rokokokirche des Marktes ihr Gepräge (1731).

Über *Kulmain, Brand,* den Geburtsort des Komponisten Max Reger (geboren 1873), und *Ebnath* fährt man durch das romantische Tal der *Fichtelnaab* und erreicht über *Neusorg* die Stadt

Waldershof (551 m; 4600 Einw.), 78 km, im Tal der Kösseine. Noch aus dem 12. Jahrhundert stammt das rundgebaute *Schloß,* eine ehemalige Wasserburg. Der Dreißigjährige Krieg und drei große Brände vernichteten den Ort fast vollständig. Die Vorläuferin der heutigen *Pfarrkirche* war eine Wallfahrtskirche, und zwar die älteste Sebastianskirche der Oberpfalz.

🚗 Marktredwitz, Nürnberg.
🚌 Kemnath, Marktredwitz, Wiesau, Tirschenreuth.
⌂ „Grüner Baum“, „Zum Hirschen“, „Marktredwitzer Haus“. – ⛱.

Über *Poppenreuth* kann man nun durch herrliche Waldlandschaft direkt durch den Steinwald (enge kurvenreiche Straße) nach

Friedenfels (537 m; 1500 Einw.) fahren, einem anerkannten Erholungsort im Naturpark Steinwald, mit *Renaissanceschloß* des Freiherrn von Gemmingen-Hornberg. Gegenüber der Schloßbrauerei erhebt sich die *Marienkirche* (1877). An der Außenwand der Grabstein des ehemaligen Schloßherrn Georg Rudolf von Notthafft (1660–1714). Sehenswert ist der idyllische Waldfriedhof.

Inf.: Verkehrsamt, Tel. (0 96 83) 2 84.
🚌 Tirschenreuth, Marktredwitz, Wiesau, Weiden, Erbendorf.
⌂ „Schloßschenke“. – ⌂ „Mühlbachtal“, „Kurhotel“. – ⛱. – Steinwaldhalle.

Man kann aber auch den Weg über

Fuchsmühl (725 m; 1900 Einw.), 85 km, nehmen, mit der barocken *Wallfahrtskirche Mariahilf* (1712–1725), deren Vorläuferin eine kleine Kapelle (1688) mit einem Gnadenbild der Muttergottes war. Die Kirche ist überwölbt mit einer Tonnendecke und hat keinen Chor. Der Hochaltar wurde 1885 aus der ehemaligen Deutschherrenkirche St. Ägid in Regensburg erworben. Am südlichen Ortsausgang liegt das *Schloßgut.*
🚌 Wiesau, Friedenfels.
⌂ „Schloßhotel“. – ⌂ „Hacklstein“.

Südostwärts geht es über das *König-Otto-Bad,* bekannt durch sein Mineralwasser und die heilkräftigen Schwefelquellen, zur *Wiesauer Seenplatte* und zum Markt

Wiesau (506 m; 4600 Einw.), 88 km, dessen *Pfarrkirche* aus den Jahren 1661–1663 stammt. Vor dem Eingang steht eine Mariensäule (1657). Im Kircheninnern findet man mittelalterliche Grabdenkmäler. Auf dem Kreuzberg (627 m) erhebt sich die *Kreuzbergkirche* (1657), mit einem Rokokodeckenfresko (1740); bemerkenswert sind die Grabsteine neben der Kanzel.

Weiden, Marktredwitz.
Marktredwitz, Fuchsmühl, Hermannsreuth, Waldsassen, Weiden.
„Deutsches Haus", „Kormann".

Die Route führt in südöstlicher Richtung weiter über *Schönhaid nach*

Falkenberg (460 m; 900 Einw.), 95 km, Ferienort im romantischen Waldnaabtal. Mittelpunkt des Ortes ist die **Burg.* 1154 urkundlich als Besitz der Herren von Falkenberg genannt, gelangte sie über die Herren von Leuchtenberg und die Burggrafen von Nürnberg 1294 an das Kloster

Burg Falkenberg

Waldsassen. Vergeblich belagerten die Hussiten die Burg – der Hussitenturm erinnert noch daran –, im Dreißigjährigen Krieg fiel sie jedoch in die Hände der Schweden. 1934 erwarb der damalige deutsche Botschafter in Moskau, Friedrich Wilhelm Graf von der Schulenburg, die Ruine und ließ die Burg originalgetreu wieder aufbauen. Heute noch ist sie im Familienbesitz. Die Burg (Besichtigung möglich) bietet einen herrlichen Rundblick in das Stiftland.

Von Falkenberg aus kann man das unter Naturschutz stehende **Waldnaabtal,* das sich bis Windischeschenbach erstreckt, in einer (3 Std.) Wanderung erschließen.

Der Weg verläuft am Flußlauf der Waldnaab, gesäumt von wuchtigen Granitfelsen. In 1¼ Std. erreicht man über die *Hammermühle* den *Sauerbrunnen* und das *Butterfaß* (Felspartie) sowie die *Blockhütte* (bewirtschaftet) an der Waldnaabbrücke und kann über den *Mühlnikkelweiher* in 1 Std. wieder zurück nach Falkenberg wandern.

Tirschenreuth, Marktredwitz, Wiesau, Weiden.
„Zum Roten Ochsen". –

Auf der B 299 westwärts erreicht man über *Reuth* (Renaissanceschloß)

Erbendorf (509 m; 4800 Einw.), 109 km, staatlich anerkannter Erholungsort im Naturpark Steinwald. Seit dem Mittelalter wurden hier Blei-, Kupfer-, Silber-, Zink- und Steinkohlenbergbau betrieben. 1929 wurde die letzte Grube stillgelegt. Heute gelten Erbendorf und seine Umgebung als eine Fundgrube für Mineraliensammler.

Die *Stadtpfarrkirche Mariae Himmelfahrt* entstand nach dem Brand 1796 unter Verwendung der Umfassungsmauer des alten spätgotischen Chores neu. Der Hochaltar im Rokokostil wurde aus der 1802 profanierten Franziskanerkirche in Kemnath übernommen. Auf dem Marktplatz steht eine *Mariensäule* (1710).

Weiden, Kemnath, Friedenfels.
„Steinwaldhaus" (Pfaben).
„Pöllath", „Günther", „Post". –

Windischeschenbach (462 m; 5900 Einw.), 118 km, am Zusammenfluß von Waldnaab und Fichtelnaab gelegen, ist Eingangstor zum wildromantischen Naturschutzgebiet Waldnaabtal. Die Missionierung des Gebietes ging um 950 vom Kloster St. Emmeram in Regensburg aus. Die *Pfarrkirche St. Emmeram* ist neugotisch. 1605 wurde der Ort zum Markt und 1952 zur Stadt erhoben. Windischeschenbach ist Standort der Kontinentalen Tiefbohrung (KTB) Oberpfalz und hat eine traditionsreiche und bekannte Porzellan- und Glasindustrie.

10

Östlich von Windischeschenbach ragt die *Burg Neuhaus* auf mit 23 m hohem Bergfried aus dem 14. Jahrhundert.

Weiden, Wiesau. – Weiden.
„Oberpfälzer Hof", „Weißer Schwan", „ Waldnaabtal". – , . –
, .

Von Windischeschenbach kehrt man über die neue A 93 nach **Weiden,* 137 km, zurück.

Register